나의 특별한 감정 수업

나의 특별한 감정 수업

초판 1쇄 발행 2019년 3월 21일
초판 3쇄 발행 2021년 7월 15일

지은이 최태림
그린이 시미씨
펴낸이 구모니카
편집 김온유
디자인 양선애
마케팅 신진섭
펴낸곳 M&K
등록 제7-292호 2005년 1월 13일
주소 경기도 고양시 일산서구 고양대로 255번길 45, 903동 1503호(대화동, 대화마을)
전화 02-323-4610
팩스 0303-3130-4610
E-mail sjs4948@hanmail.net

ISBN 979-11-87153-26-9 73710

※ 값은 뒤표지에 있습니다. 잘못된 책은 바꾸어 드립니다.

이 도서의 국립중앙도서관 출판예정도서목록(CIP)은
서지정보유통지원시스템 홈페이지(http://seoji.nl.go.kr)와
국가자료종합목록시스템(http://www.nl.go.kr/kolisnet)에서 이용하실 수 있습니다.
(CIP제어번호 : CIP2019009699)

길 안내를 따라 숨겨진 감정 찾기

나의 특별한 감정 수업

최태림 글 · 시미씨 그림

엠앤키즈

작가의 말

알쏭달쏭 나도 모르는 내 마음

우리는 아침에 일어났을 때부터 밤에 잠이 들 때까지 많은 감정을 느껴요. 기쁘고, 재밌고, 행복하고, 슬프고, 안타깝고, 아프고, 짜증 나고……. 사실 사람의 감정만큼 복잡한 것이 없답니다. 과학 기술이 아무리 발달해도 로봇에 사람의 감정을 집어넣는 것은 불가능할 거예요. 그만큼 복잡하고도 어려운 것이 사람의 감정이에요.

어른이 되어 버린 저는 지금도 제 감정을 잘 모르겠어요. 남의 마음도 잘 모르겠고요. 저는 학생을 가르치는 선생님인데, 학생들의 마음을 잘 헤아리지 못해서 어려움을 많이 겪곤 해요. 어린이 여러분도 친구의 마음을 잘 몰라서, 엄마, 아빠의 마음을 잘 몰라서, 또 자기 마음을 잘 몰라서 당황한 적 많지요? 저는 여러분이 자신의 감정을 바로 들여다보고 상황에 따라 제대로 끄집어낼 수 있도록, 균형 있고 긍정적으로 자랄 수 있도록 돕고 싶어서 이 책을 썼어요.

상황에 따른 각각의 이야기들을 이어진 이야기로 쓰고 싶었어요. 덧붙인 퀴즈가 재밌는 놀이처럼 여겨지길 바랐고요. 또 비슷한 감정

을 찾아갈 수 있도록 길 안내를 덧붙여 놓았는데 도움이 되었으면 좋겠어요. 책 마지막에 나오는 길 안내를 따라서 감정 마을을 찾아가 보는 것도 색다른 책 읽기가 될 것 같아요.

퀴즈의 보기가 여러 번 겹쳐 나오지 않게 신경을 많이 썼어요. 그러한 점을 생각하면서 단어와 단어의 개수도 신중히 결정했고요.

부모님과 함께 읽으면서 서로의 마음을 알아가 보는 것도 좋을 거 같아요. 선생님과 함께 읽으면서 감정에 대해 다양하게 알아보는 것도 좋을 것 같아요.

이제 여러분의 마음속 여러 가지 감정의 소리에 귀를 기울여 보세요. 예쁜 마음도 있을 거고, 가끔은 미운 마음도 있을 거예요.

여러분에게 있는 여러 가지 감정들이 왜 생겨나는지 알아야 해요. 그러면 예쁜 마음들은 하나씩 더 모을 수 있고, 미운 감정들은 하나씩 덜어 낼 수 있거든요. 여러분의 감정 지도가 여러분을 행복이 가득한 곳으로 데려다주길 바랍니다.

최태림

차례

작가의 말 _ 4
나오는 친구들 + 이렇게 읽어요 _ 9

ㄱ
가엾다 _ 10
감동하다 _ 12
걱정하다 _ 14
겁먹다 _ 16
고맙다 _ 18
공감하다 _ 20
괜찮다 _ 22
괴롭다 _ 24
궁금하다 _ 26
귀찮다 _ 28
그립다 _ 30
기쁘다 _ 32
기죽다 _ 34
긴장하다 _ 36

ㄴ
낯설다 _ 38
노엽다 _ 40
놀라다 _ 42

ㄷ
담담하다 _ 44
답답하다 _ 46
당황하다 _ 48
두렵다 _ 50
들뜨다 _ 52
따분하다 _ 54
떨다 _ 56

ㅁ
만족하다 _ 58
못마땅하다 _ 60
무섭다 _ 62
미안하다 _ 64
밉다 _ 66

ㅂ

반갑다_ 68
벅차다_ 70
부끄럽다_ 72
부담스럽다_ 74
부럽다_ 76
불만스럽다_ 78
불쌍하다_ 80
불안하다_ 82
뿌듯하다_ 84

ㅅ

사랑하다_ 86
서럽다_ 88
서운하다_ 90
설레다_ 92
섭섭하다_ 94
속상하다_ 96
슬프다_ 98
신나다_ 100

실망하다_ 102
싫다_ 104
쑥스럽다_ 106

ㅇ

아쉽다_ 108
안심하다_ 110
안타깝다_ 112
약 오르다_ 114
어이없다_ 116
억울하다_ 118
외롭다_ 120
우울하다_ 122
원망스럽다_ 124

ㅈ

자랑스럽다_ 126
자만하다_ 128
자신 있다_ 130
절망하다_ 132

조급하다_ 134
조마조마하다_ 136
좋다_ 138
주눅 들다_ 140
즐겁다_ 142
지겹다_ 144
지루하다_ 146
질투하다_ 148
짜증 나다_ 150
찡하다_ 152

ㅊ

차분하다_ 154
창피하다_ 156
초조하다_ 158
침착하다_ 160

ㅌ

태연하다_ 162
통쾌하다_ 164

ㅍ

편안하다_ 166
평온하다_ 168

ㅎ

행복하다_ 170
허무하다_ 172
허전하다_ 174
화나다_ 176
후련하다_ 178
후회하다_ 180
흐뭇하다_ 182
흥겹다_ 184
흥분하다_ 186
희망차다_ 188

나오는 친구들

민준
초등학교 2학년.
성격은 평범하고
순둥순둥해요.
편식이 있어요.

민서
민준이의 동생.
책을 좋아하고 똘똘해요.
형한테 지지 않으려는
경쟁심이 조금 있어요.

석진
민준이 친구.
키는 작지만 잘 먹고
낙천적인
성격이에요.

서연
학급 회장.
모범생이고
영어 학원 선생님을
좋아해요.

이렇게 읽어요

1_ 생활 속 이야기를 통해 어떤 감정들이 있는지 알아봐요.
2_ 이야기를 읽고 퀴즈를 풀어 봐요. 어떤 감정에 대한 질문일까요?
3_ 길 안내를 따라 비슷한 감정, 이웃하는 감정, 반대되는 감정으로 이동해 봐요.

가엾다
마음이 아플 만큼 안되고 불쌍하다.

민준이는 아빠와 함께 캠핑을 왔어요.
"아빠, 숲속으로 들어가서 사슴벌레를 찾아봐요."
"그래. 누가 먼저 찾는지 내기하자."
아빠와 민준이는 숲속 깊은 곳까지 들어갔다가
수풀 속에서 끙끙대는 노루를 보았어요.
노루의 뒷다리가 올가미에 걸려 있었어요.
"다리에서 피가 흐르고 있어요."
민준이는 불쌍한 노루의 눈을 바라보았어요.
그렁그렁 눈물이 맺힌 것 같았어요.

노루를 보며 민준이의 마음속에 어떤 감정이 생겼을까요?
❶ 가여워요   ❷ 통쾌해요   ❸ 실망스러워요

가여운 감정과 비슷한 감정을 더 알아보려면
80쪽으로 가 보세요.

불쌍하다

민준이는 노루를 보며
가여운 마음이 들었어요.

❷번을 고른 친구는 164쪽으로 가 보세요.
❸번을 고른 친구는 102쪽으로 가 보세요.
순서대로 책을 읽고 싶은 친구는 다음 쪽을 보세요.

감동하다
크게 느끼어 마음이 움직이다.

서연이는 민준이에게 화를 내고 말았어요.
새 지우개를 민준이가 말도 없이 썼거든요.
"나도 한 번도 안 쓴 거란 말이야!"
서연이는 소리를 지르며 엉엉 울었어요.
다음 날, 민준이는 서연이의 책상 위에
새 지우개와 쪽지를 올려놓았어요.
'서연아, 미안해. 다시는 안 그럴게. 용서해 줘.'

민준이의 사과를 받은 서연이의 마음은 어떨까요?
① 노여워요 ② 감동해요 ③ 지겨워요

감동하는 마음이 더해지면 행복해져요.
어떤 마음인지 궁금하다면 170쪽으로 가 보세요.

행복하다

서연이는 자기의 잘못을 인정하고 사과하는
민준이의 쪽지에 감동했어요.

❶번을 고른 친구는 40쪽으로 가 보세요.
❸번을 고른 친구는 144쪽으로 가 보세요.
순서대로 책을 읽고 싶은 친구는 다음 쪽을 보세요.

걱정하다
잘못될까 불안해하며 속을 태우다.

"아빠, 엄마는 왜 이렇게 안 와요?"
서연이가 아빠한테 물었어요.
야근한다고는 했지만 밤이 너무 깊었거든요.
"글쎄, 일이 많은가 보네."
아빠는 느긋하게 텔레비전을 보고 있었지만
서연이는 점점 초조해졌어요.
"무슨 일이 생긴 것은 아니겠죠?"
엄마한테 전화도 해봤지만 받지 않았어요.
서연이는 이제나저제나 엄마가 오지 않을까,
대문 쪽으로 고개를 길게 빼고 기다렸어요.

서연이는 엄마를 생각하며 어떤 감정을 품고 있나요?
① 걱정해요   ② 못마땅해요   ③ 원망스러워요

걱정하는 마음과 비슷한 감정을 더 알아보려면
82쪽으로 가 보세요.

불안하다

서연이는 소식이 없는 엄마를
걱정하고 있어요.

❷번을 고른 친구는 60쪽으로 가 보세요.
❸번을 고른 친구는 124쪽으로 가 보세요.
순서대로 책을 읽고 싶은 친구는 다음 쪽을 보세요.

겁먹다
무섭거나 두려워하는 마음을 가지다.

서연이는 혼자 집을 지키고 있었어요.
엄마는 야근이고, 아빠는 집에 오는 중이었어요.
그런데 자꾸만 문밖에서 소리가 나는 것 같았어요.
'누가 왔나?'
달그락, 부엌에서 소리가 들린 것도 같았어요.
서연이는 무서운 귀신 이야기가 떠올라 소름이 돋았어요.
몸이 덜덜덜 떨리기도 했지요.

서연이는 지금 어떤 마음일까요?

① 평온해요   ② 겁먹었어요   ③ 화나요

겁먹은 마음과 비슷한 감정을 더 알아보려면 50쪽으로 가 보세요.

서연이는 귀신이 나올까 봐 겁먹었어요.

❶번을 고른 친구는 168쪽으로 가 보세요.
❸번을 고른 친구는 176쪽으로 가 보세요.
순서대로 책을 읽고 싶은 친구는 다음 쪽을 보세요.

고맙다
남이 베풀어 준 도움 때문에 마음이 흐뭇하고 즐겁다.

"오늘은 누가 음식을 남겼나 검사할 거예요."
급식 시간에 선생님이 말씀하셨어요.
민준이는 식판에 놓인 오이무침을 보기만 했어요.
"난 오이를 못 먹는데……."
민준이는 선생님께 꾸중을 들을까 봐 걱정되었어요.
"그래? 그러면 내가 먹어 줄게. 난 오이 좋아하거든."
짝꿍인 석진이가 오이무침을 대신 먹어 주었어요.
덕분에 민준이는 식판을 깨끗하게 비울 수 있었지요.

민준이가 석진이에게 어떤 말을 건네면 좋을까요?
① 너 때문에 괴로워.   ② 부끄럽게 하지 마.   ③ 정말 고마워.

서로 도움을 주고 받으면 기분이 좋아져요.
이 감정을 알아보려면 100쪽으로 가 보세요.

신나다

민준이는 오이를 대신 먹어 준
석진이의 마음이 고마웠어요.

❶번을 고른 친구는 24쪽으로 가 보세요.
❷번을 고른 친구는 72쪽으로 가 보세요.
순서대로 책을 읽고 싶은 친구는 다음 쪽을 보세요.

공감하다
남의 감정, 의견에 대하여 자기도 그렇다고 느끼다.

"선생님, 친구들이 키가 작다고 저를 놀려요."
석진이가 선생님께 고민을 말했어요.
"속상하겠구나. 하지만 음식을 지금처럼
편식하지 않고 골고루 먹으면 키가 쑥쑥 클 거야."
선생님의 말씀에 석진이는 걱정이 사라지고
마음이 편안해졌어요.
선생님은 항상 석진이의 마음을 이해하고
자신의 마음처럼 생각하시는 분이 틀림없어요.

남의 마음을 자신의 마음처럼 느끼는 감정은 무엇인가요?
❶ 공감하는 감정　　❷ 즐거운 감정　　❸ 흐뭇한 감정

공감은 다른 사람을 사랑하는 마음에서 와요.
사랑하는 마음을 알고 싶으면 86쪽으로 가 보세요.

사랑하다

선생님은 석진이가 느끼는 감정에 대해
공감하는 능력이 뛰어난 분이에요.

❷번을 고른 친구는 142쪽으로 가 보세요.
❸번을 고른 친구는 182쪽으로 가 보세요.
순서대로 책을 읽고 싶은 친구는 다음 쪽을 보세요.

괜찮다
별로 나쁘지 않고 보통 이상으로 좋다.

서연이는 마음이 많이 울적했어요.
아기 고양이와 헤어져야 하기 때문이죠.
"야옹아, 좋은 집에 가서 행복해야 해."
서연이는 아기 고양이와 오래오래 살고 싶지만
어쩔 수가 없대요.
서연이한테 털 알레르기가 있거든요.
"서연아, 너무 슬퍼하지 마."
엄마의 말에 서연이는 씩씩하게 대답했어요.
"엄마, 야옹이가 더 좋은 집에서 행복해진다면,
저는 ○○○○."

서연이가 마지막에 엄마한테 한 말은 무엇일까요?

❶ 두려워요   ❷ 괜찮아요   ❸ 허전해요

괜찮은 감정과 비슷한 감정을 더 알아보려면
50쪽으로 가 보세요.

서연이는 이제 더 이상 슬퍼하지 않겠다고
말하고 있어요. 괜찮아졌다고요.

❶번을 고른 친구는 50쪽으로 가 보세요.
❸번을 고른 친구는 174쪽으로 가 보세요.
순서대로 책을 읽고 싶은 친구는 다음 쪽을 보세요.

괴롭다
몸이나 마음이 편하지 않고 고통스럽다.

"민준아, 우리 집 가서 놀래?"
석진이가 민준이에게 말했어요.
"너희 집? 나 오늘 학원 가야 하는데……."
민준이의 얼굴에는 아쉬운 표정이 가득했어요.
"그래? 어쩔 수 없지. 그럼 다음에 와."
"아, 학원 가기 싫다.
엄마한테 오늘만 안 가고 싶다고 말할까?
아니면 그냥 땡땡이칠까?"
민준이는 학원에 너무 가기 싫었어요.
석진이네 집에 가서 실컷 놀고 싶었어요.

민준이의 마음은 어떤 상태일까요?
① 후련해요　　② 후회해요　　③ 괴로워요

괴로운 마음과 비슷한 마음을
알고 싶으면 104쪽으로 가 보세요.

민준이는 학원에 가는 대신
석진이와 놀고 싶어서 몹시 괴로워하고 있어요.

❶ 번을 고른 친구는 178쪽으로 가 보세요.
❷ 번을 고른 친구는 180쪽으로 가 보세요.
순서대로 책을 읽고 싶은 친구는 다음 쪽을 보세요.

궁금하다
무엇이 알고 싶어 마음이 몹시 답답하고 안타깝다.

영어 학원에 가는 날이에요.
서연이는 새로 산 옷을 입었어요.
'오늘도 맨 앞자리에 앉아야지!'
서연이는 영어 선생님께 잘 보이고 싶었어요.
영어 선생님이 좋으니까 수업도 재밌고,
학원 가는 시간도 기다려졌어요.
'영어 선생님은 여자 친구가 있을까?
선생님은 어떤 스타일을 좋아하실까?'
영어 선생님을 생각하면 얼굴이 빨개지기도 하고
이것저것 알고 싶어지기도 했어요.

지금 서연이는 영어 선생님에 대해 어떤 마음을 가지고 있나요?
❶ 궁금해요   ❷ 슬퍼요   ❸ 그리워요

너무 궁금하면 마음이 답답해져요.
답답한 마음을 알고 싶으면 46쪽으로 가 보세요.

답답하다

서연이는 영어 선생님에 대해
궁금해하고 있어요.

❷번을 고른 친구는 98쪽으로 가 보세요.
❸번을 고른 친구는 30쪽으로 가 보세요.
순서대로 책을 읽고 싶은 친구는 다음 쪽을 보세요.

귀찮다
마음에 들지 아니하고 괴롭거나 성가시다.

민준이는 오늘 친구들이랑 축구를 하기로 했어요.
"형, 나도 따라갈래."
민서가 민준이를 따라나서며 말했어요.
"안 돼. 너는 집에서 놀아."
민준이는 민서를 떼어놓고 가고 싶었어요.
"싫어. 따라갈래. 나도 축구할 거야."
민서가 떼를 썼어요.
"민준아, 민서도 데려가서 같이 놀아."
엄마가 말했어요.

이 상황에서 민준이는 동생이 어떻게 느껴질까요?
❶ 사랑스러워요   ❷ 창피해요   ❸ 귀찮아요

마음에 들지 않는 감정을 더 알고 싶으면
60쪽으로 가 보세요.

못마땅하다

민준이는 민서가 따라간다고 해서
귀찮아요.

❶번을 고른 친구는 86쪽으로 가 보세요.

❷번을 고른 친구는 156쪽으로 가 보세요.

순서대로 책을 읽고 싶은 친구는 다음 쪽을 보세요.

그립다
보고 싶거나 만나고 싶은 마음이 간절하다.

서연이네 외할아버지의 고향은 북한에 있어요.
가깝지만 아직은 갈 수 없는 곳이지요.
외할아버지는 명절 때만 되면
북쪽을 바라보며 눈시울을 붉히셔요.
북한에 두고 온 형과 동생을 떠올리시고,
어릴 적 마음껏 뛰놀던 고향 땅에
간절히 가 보고 싶어 하시지요.

서연이네 외할아버지는 고향에 대해 어떤 마음을 갖고 있나요?
① 쑥스러워요 ② 그리워요 ③ 안타까워요

그리움 곁에 희망이 있다면 좋겠죠?
이 감정이 궁금하면 188쪽으로 가 보세요.

희망차다

서연이네 외할아버지는 고향을 그리워하고 있어요.

❶번을 고른 친구는 106쪽으로 가 보세요.
❸번을 고른 친구는 112쪽으로 가 보세요.
순서대로 책을 읽고 싶은 친구는 다음 쪽을 보세요.

기쁘다
마음에 즐거운 느낌이 있다.

석진이는 줄넘기 연습을 하고 있어요.
"하나, 둘, 셋⋯⋯ 스물일곱, 스물여덟⋯⋯ 앗!"
그런데 서른 개를 못 넘고 자꾸만 발에 걸려요.
그래도 석진이는 포기하지 않고 계속 연습했어요.
아빠가 오십 개를 하면 장난감을 사 준다고 했거든요.
"⋯⋯마흔여덟, 마흔아홉, 쉰!"
드디어 오십 개를 했어요.

줄넘기 오십 개를 한 석진이는 어떤 기분일까요?
① 기뻐요   ② 따분해요   ③ 낯설어요

기쁜 마음과 비슷한 감정을 더 알고 싶으면
182쪽으로 가 보세요.

석진이는 줄넘기 오십 개를 넘어서
정말 기뻐하고 있어요.

❷번을 고른 친구는 54쪽으로 가 보세요.
❸번을 고른 친구는 38쪽으로 가 보세요.
순서대로 책을 읽고 싶은 친구는 다음 쪽을 보세요.

기죽다
기세가 꺾여 약해지다.

석진이는 영어 학원에 가는 것이 너무 싫어요.
"석진이는 단어 시험 통과 못 했네.
수업 끝나고 남아서 다 외우고 가도록 해."
외우는 것을 어려워하는 석진이는 매번 단어 시험을
통과하지 못해서 혼자 학원에 남아야 했어요.
오늘 단어 시험도 석진이만 통과를 못 했어요.
석진이는 이제 영어로 된 글씨만 봐도 겁이 나요.
영어 학원에 가면 몸이 자꾸만 움츠러들어요.

단어를 잘 외우지 못하는 석진이가 영어 학원에 가면 어떨까요?
① 기죽어요　② 자신 있어요　③ 약 올라요

기죽은 마음과 비슷한 마음을 알고 싶으면
140쪽으로 가 보세요.

주눅 들다

석진이는 영어 학원에 가면 외우는 것에
자신이 없어서 기죽어요.

❷번을 고른 친구는 130쪽으로 가 보세요.

❸번을 고른 친구는 114쪽으로 가 보세요.

순서대로 책을 읽고 싶은 친구는 다음 쪽을 보세요.

긴장하다
마음을 조이고 정신을 바짝 차리다.

학급 회장을 뽑는 날이에요.
"우리 반을 잘 이끌어 나갈 친구를 추천해 주세요."
선생님의 말씀이 끝나자 민준이가 제일 먼저 말했어요.
"서연이를 추천합니다."
서연이의 얼굴은 새빨개졌어요.
가슴도 두근두근 뛰고, 숨쉬기도 힘들었어요.
후보 추천이 끝나자 선생님이 말씀하셨어요.
"서연이부터 어떤 회장이 될지 한마디 해 주세요."
갑자기 앞으로 나가서 말을 하려니,
서연이는 몸이 와들와들 떨리기 시작했어요.

아이들 앞에 선 서연이는 지금 어떤 감정일까요?
❶ 혼나서 당황했어요.   ❷ 놀림받을까 봐 불안했어요.
❸ 발표를 앞두고 긴장했어요.

긴장하는 마음과 비슷한 감정을 알고 싶으면
56쪽으로 가 보세요.

서연이는 지금 친구들 앞에서
발표하게 되어서 긴장하고 있어요.

❶번을 고른 친구는 48쪽으로 가 보세요.
❷번을 고른 친구는 82쪽으로 가 보세요.
순서대로 책을 읽고 싶은 친구는 다음 쪽을 보세요.

낯설다
전에 본 기억이 없어 익숙하지 않다.

서연이가 한 표 차이로 학급 회장이 되었어요.
"각 학급의 회장은 회의실로 모여 주세요."
학급 회장들이 모두 모여서 대의원 회의를 하는 날,
서연이는 회의실로 향했어요.
아는 얼굴이 한 명도 없었어요.
회의실도 처음이었고,
어디에 앉아야 할지 알 수가 없었어요.
서연이는 눈치만 보며 어정쩡하게 서 있었어요.

서연이는 지금 어떤 감정에 휩싸여 있나요?
❶ 미안해요   ❷ 낯설어요   ❸ 불만스러워요

낯선 곳에 가면 불안하고 겁먹을 수도 있어요.
겁먹은 마음을 알고 싶으면 16쪽으로 가 보세요.

서연이는 처음 가 본 회의실에서
낯설어하고 있어요.

❶번을 고른 친구는 64쪽으로 가 보세요.
❸번을 고른 친구는 78쪽으로 가 보세요.
순서대로 책을 읽고 싶은 친구는 다음 쪽을 보세요.

노엽다
화가 날 만큼 분하거나 섭섭하다.

키다리 할아버지는 민준이네 학교 앞 교통 도우미예요.
"학생, 거기서 뛰면 안 돼."
"찻길로 내려가면 안 돼요. 기다리세요."
키다리 할아버지가 주의를 주었어요.
아이들은 장난을 치느라 할아버지의 말을 듣지 않았어요.
"학생들, 위험하다니까!"
그러자 화가 난 키다리 할아버지가 인상을 쓰며
장난치는 아이들을 큰 소리로 혼내기 시작했어요.

지금 키다리 할아버지의 감정 상태는 어떨까요?
❶ 절망스러워요　　❷ 즐거워요　　❸ 노여워요

노여운 감정보다 약한 감정이 궁금하면
114쪽으로 가 보세요.

키다리 할아버지는 말을 듣지 않는
아이들 때문에 노여워하고 있어요.

❶번을 고른 친구는 132쪽으로 가 보세요.
❷번을 고른 친구는 142쪽으로 가 보세요.
순서대로 책을 읽고 싶은 친구는 다음 쪽을 보세요.

놀라다
뛰어나거나 신기한 것을 보고 매우 감동하다.

"민서야, 삼촌 왔는데 뭐 해?"
"〈그리스 로마 신화〉 읽고 있어요."
민서가 대답했어요.
"또 읽어? 열 번은 읽은 것 같은데……."
민준이가 곁에서 혼잣말을 했어요.
"아직 초등학교도 안 들어갔는데 그 두꺼운 책을
열 번이나 읽었다고?"
삼촌이 눈을 동그랗게 뜨면서 물었어요.

민서를 보면서 삼촌은 어떤 마음일까요?

❶ 허무해요   ❷ 놀라워요   ❸ 속상해요

뜻밖의 일을 만나면 화들짝 놀라요.
비슷한 감정을 알려면 48쪽으로 가 보세요.

당황하다

삼촌은 유치원생인 민서가 〈그리스 로마 신화〉를
열 번이나 읽었다는 사실에 놀라고 있어요.

❶번을 고른 친구는 172쪽으로 가 보세요.
❸번을 고른 친구는 96쪽으로 가 보세요.
순서대로 책을 읽고 싶은 친구는 다음 쪽을 보세요.

담담하다
차분하고 평온하다.

"석진아, 학급 회장 선거 어떻게 됐어?"
저녁밥을 먹으면서 석진이 엄마가 물었어요.
"서연이가 학급 회장이 되었어요."
석진이가 대답했어요.
"너도 학급 회장 후보였다며?"
"한 표 차이로 떨어졌어요."
"너무 아깝다. 석진이 속상해서 어떡하니?"
엄마가 속상해했어요.
하지만 석진이는 아무렇지도 않았어요.
석진이도 서연이를 뽑았거든요.

지금 석진이는 어떤 감정일까요?

❶ 들떠 있어요   ❷ 담담해요   ❸ 외로워요

담담한 마음과 비슷한 마음을 알아보려면
168쪽으로 가 보세요.

 평온하다

석진이는 회장이 되지 못했지만 속상해하거나
아쉬워하지 않고 담담하게 받아들이고 있어요.

❶번을 고른 친구는 52쪽으로 가 보세요.
❸번을 고른 친구는 120쪽으로 가 보세요.
순서대로 책을 읽고 싶은 친구는 다음 쪽을 보세요.

45

답답하다
애가 타고 갑갑하다.

서연이는 엄마의 스마트폰으로
재미있는 영화를 보기로 했어요.
그런데 소리가 잘 들리지 않았어요.
아무리 소리를 키워 봐도 소용이 없었어요.
'고장이 났나?'
영화는 이미 시작했는데 소리가 안 들리니까
서연이는 애가 타고 갑갑했어요.

서연이는 지금 어떤 마음일까요?
① 답답해요   ② 침착해요   ③ 행복해요

답답한 마음과 반대되는 감정이 궁금하다면
178쪽으로 가 보세요.

후련하다

서연이는 영화를 보는데 소리가 들리지 않아
답답해하고 있어요.

❷번을 고른 친구는 160쪽으로 가 보세요.
❸번을 고른 친구는 170쪽으로 가 보세요.
순서대로 책을 읽고 싶은 친구는 다음 쪽을 보세요.

당황하다
놀라거나 다급하여 어찌할 바를 모르다.

민준이는 동생 민서랑 우리말 퀴즈를 풀고 있어요.
민준이는 민서보다 많이 맞힐 자신이 있었어요.
그런데 처음 들어 보는 문제가 나왔어요.
"형, 모르는 것은 아니지? 난 아는데."
똘똘이 민서가 민준이를 약 올리며 말했어요.
'민서가 답을 안다고?'
민준이는 마음이 다급해서 어찌할 바를 몰랐어요.

동생 민서가 아는 문제를 모르는 민준이의 마음은 어떨까요?
① 만족해요   ② 편안해요   ③ 당황해요

퀴즈 대결에서 질까 봐 불안해하는
마음을 알고 싶으면 136쪽으로 가 보세요.

동생 민서보다 많이 안다고 자신한 민준이는
모르는 문제가 나와서 당황했어요.

❶번을 고른 친구는 58쪽으로 가 보세요.
❷번을 고른 친구는 166쪽으로 가 보세요.
순서대로 책을 읽고 싶은 친구는 다음 쪽을 보세요.

두렵다
겁이 나거나 마음에 몹시 꺼려 불안하다.

석진이가 집 앞 좁은 골목길로 들어설 때였어요.
"야옹, 야옹, 야옹."
고양이 울음소리가 세 번 들렸어요.
'귀신이 나오기 전에 고양이가 꼭 세 번 운대.'
친구들이 들려준 귀신 이야기가 갑자기 떠올랐어요.
석진이는 발이 움직이지 않았어요.
그리고 온몸에 식은땀이 흐르기 시작했어요.
도저히 골목길로 들어갈 수가 없었어요.

석진이는 골목길에 들어서려다가 어떤 감정에 휩싸였을까요?
❶ 고양이가 가여웠어요.　　❷ 귀신이 나올까 봐 두려웠어요.
❸ 고양이 울음소리에 감동했어요.

두려운 감정과 비슷한 감정을 더 알아보려면
62쪽으로 가 보세요.

석진이는 골목에서 귀신이 나올까 봐
두려워하고 있어요.

❶번을 고른 친구는 10쪽으로 가 보세요.

❸번을 고른 친구는 12쪽으로 가 보세요.

순서대로 책을 읽고 싶은 친구는 다음 쪽을 보세요.

들뜨다
마음이나 분위기가 가라앉지 아니하고 조금 흥분되다.

민준이와 민서는 쉽게 잠을 잘 수가 없었어요.
"형, 내일 무엇부터 탈 거야?"
내일은 엄마, 아빠와 놀이공원에 가기로 한 날이에요.
"당연히 바이킹부터 타야지."
민준이는 마음속으로 이미 바이킹을 타고 있어요.
"얘들아, 빨리 자라. 그래야 내일 일찍 일어나지."
엄마가 방문을 열어 보며 재촉했어요.
그러나 민준이와 민서는 가슴이 두근거려서
잠이 오지 않았어요.

민준이와 민서는 어떤 마음 때문에 잠을 못 자고 있나요?
❶ 들떠 있어요   ❷ 겁먹었어요   ❸ 걱정하고 있어요

들뜬 마음과 비슷한 마음이 궁금하다면
86쪽으로 가 보세요.

사랑하다

민준이와 민서는 놀이공원에 갈 생각에
들떠서 잠을 자지 못하고 있어요.

❷ 번을 고른 친구는 16쪽으로 가 보세요.
❸ 번을 고른 친구는 14쪽으로 가 보세요.
순서대로 책을 읽고 싶은 친구는 다음 쪽을 보세요.

따분하다
재미가 없어 지루하고 답답하다.

"아빠, 얼마나 남았어요?"
민서가 벌써 다섯 번이나 물었어요.
놀이공원에 가는데 길에 차가 너무 많았어요.
"차가 막혀서 큰일이네. 한참 걸리겠어."
민준이와 민서는 몇 번이나 하품을 했어요.
"스마트폰으로 게임을 하면 안 돼요?"
민준이가 물었어요.
"안 돼. 멀미하잖아."
엄마가 고개를 저으며 말했어요.
민준이는 몸이 찌뿌둥하고 가슴도 답답했어요.

민준이와 민서는 차 안에서 어떤 마음일까요?
① 고마워요　　② 안심해요　　③ 따분해요

따분한 감정과 비슷한 감정을 알려면
146쪽으로 가 보세요.

지루하다

민준이와 민서는 차 안에서
따분해하고 있어요.

❶번을 고른 친구는 18쪽으로 가 보세요.
❷번을 고른 친구는 110쪽으로 가 보세요.
순서대로 책을 읽고 싶은 친구는 다음 쪽을 보세요.

떨다
몹시 추워하거나 두려워하게 되다.

민준이와 석진이가 리틀 축구단에 가입 신청을 했어요.
경쟁이 치열하다고 해서 민준이와 석진이는
기다리는 동안 가만히 있지를 못했어요.
너무너무 뽑히고 싶었거든요.
"한국의 호날두와 메시를 꼭 알아봐야 할 텐데……."
둘은 축구에는 자신이 있었지만,
막상 발표 날이 되자,
심장이 쿵쾅거려서 숨쉬기가 힘들었어요.
이마에 식은땀도 송골송골 맺혔어요.

민준이와 석진이는 지금 어떤 마음일까요?

❶ 귀찮아요 ❷ 떨려요 ❸ 서러워요

축구단에서 떨어지면 조금 창피하겠죠? 이 감정을 알려면 156쪽으로 가 보세요.

창피하다

민준이와 석진이는 떨리는 마음으로 결과 발표를 기다리고 있어요.

❶번을 고른 친구는 28쪽으로 가 보세요.
❸번을 고른 친구는 88쪽으로 가 보세요.
순서대로 책을 읽고 싶은 친구는 다음 쪽을 보세요.

만족하다
마음에 흡족하다.

아빠가 서연이를 위해 자전거를 사 왔어요.
서연이는 첫날인데도 아빠 앞에서
멋지게 자전거를 탔어요.
"잘 타네. 서연이가 운동 신경이 있구나."
아빠가 서연이를 칭찬해 주었어요.
운동장을 한 바퀴 돌고 오자
아빠는 서연이를 보며 흐뭇한 미소를 지었어요.
그리고 엄지를 세우며 "서연이 최고!"라고 말해 주었어요.

아빠는 서연이를 어떤 마음으로 바라보고 있나요?
❶ 공감하는 마음   ❷ 아쉬운 마음   ❸ 만족하는 마음

만족한 마음과 비슷한 감정을 알려면
12쪽으로 가 보세요.

감동하다

아빠는 서연이가 자전거를 잘 타는 것을 보고
만족해하고 있어요.

❶번을 고른 친구는 20쪽으로 가 보세요.
❷번을 고른 친구는 108쪽으로 가 보세요.
순서대로 책을 읽고 싶은 친구는 다음 쪽을 보세요.

못마땅하다
마음에 들지 않아 좋지 않다.

"민서야, 장난감 좀 치워."
민준이가 텔레비전을 보는 민서에게 말했어요.
"알았어."
민서는 대답만 하고 꼼짝도 하지 않았어요.
"네가 어지른 건 네가 치워야지. 빨리 해!"
"알았다니까."
민서는 설렁설렁 대답만 하고서
텔레비전을 계속 보고 있었어요.

동생 민서를 보는 민준이는 어떤 마음일까요?
① 못마땅해요 ② 궁금해요 ③ 뿌듯해요

못마땅한 마음과 비슷한 감정을 알려면
78쪽으로 가 보세요.

불만스럽다

민준이는 민서의 태도가 못마땅했어요.

❷번을 고른 친구는 26쪽으로 가 보세요.

❸번을 고른 친구는 84쪽으로 가 보세요.

순서대로 책을 읽고 싶은 친구는 다음 쪽을 보세요.

무섭다
꺼려지거나 무슨 일이 일어날까 겁나는 데가 있다.

체육 시간이에요.
단체 율동을 하는데, 석진이가 웃음을 터트렸어요.
앞 친구의 동작이 너무 웃겨서 참을 수가 없었어요.
"누가 웃어?"
호랑이 체육 선생님이 야단을 쳤어요.
목소리가 어찌나 큰지 운동장이 쩌렁쩌렁 울렸어요.
선생님은 화가 많이 났어요.

선생님이 화를 낼 때 석진이는 어떤 감정일까요?
① 불쌍해요   ② 무서워요   ③ 반가워요

무서운 감정과 비슷한 감정이 궁금하다면
136쪽으로 가 보세요.

조마조마하다

석진이는 웃었다고 체육 선생님에게
혼날까 봐 무서워하고 있어요.

❶번을 고른 친구는 80쪽으로 가 보세요.
❸번을 고른 친구는 68쪽으로 가 보세요.
순서대로 책을 읽고 싶은 친구는 다음 쪽을 보세요.

미안하다
남에게 대하여 마음이 편치 못하고 부끄럽다.

서연이가 의자에 앉아서 숙제를 하고 있어요.
민준이는 친구들과 신나게 놀고 있고요.
'우당탕탕!'
민준이가 뛰다가 실수로 서연이의 책상을 쳤어요.
그 바람에 서연이가 잡고 있던 공책이 찢어지고 말았지요.
"앗, 내 공책!"
서연이가 찢어진 공책을 보며 울먹였어요.
민준이는 어쩔 줄을 몰랐어요.

민준이는 서연이에게 어떤 말을 해야 할까요?
❶ 미안해.　　❷ 긴장했니?　　❸ 네가 미워.

미안한 감정 곁에 있는 마음을 알고 싶으면
156쪽으로 가 보세요.

창피하다

민준이는 서연이에게 미안하다고
사과를 해야 해요.

❷번을 고른 친구는 36쪽으로 가 보세요.
❸번을 고른 친구는 66쪽으로 가 보세요.
순서대로 책을 읽고 싶은 친구는 다음 쪽을 보세요.

밉다
하는 짓이 마음에 들지 않고 싫다.

토요일 아침, 민서가 기분이 안 좋은지
자꾸만 떼를 쓰고 짜증을 부렸어요.
"나 다른 것 볼래."
텔레비전도 마음대로 틀어 버리고,
"내가 먼저 읽을 거야."
민준이가 읽던 책을 빼앗아 가서 읽고,
"나는 이거 싫다고. 엉엉!"
맨날 먹던 아이스크림을 집어던지기도 했어요.
민준이는 민서가 하는 짓이 마음에 들지 않고 싫었어요.

민준이는 민서에 대해 지금 어떤 마음일까요?
❶ 벅차요　　❷ 미워요　　❸ 기뻐요

미운 감정과 반대되는 감정을 알고 싶으면
138쪽으로 가 보세요.

동생이 떼를 쓰면
미운 감정이 들기도 하지요.

❶번을 고른 친구는 70쪽으로 가 보세요.
❸번을 고른 친구는 32쪽으로 가 보세요.
순서대로 책을 읽고 싶은 친구는 다음 쪽을 보세요.

반갑다

그리워하던 사람을 만나거나 좋은 소식을 들어 흐뭇하고 즐겁다.

서연이는 학급 화단에 방울토마토를 심었어요.
예쁜 이름표도 달아 놓았어요.
그런데 무더위가 시작되었어요.
며칠 동안 비가 한 방울도 내리지 않았지요.
아무리 물을 퍼다 날라도 소용이 없었어요.
방울토마토가 시들어 갈 뿐이었어요.
그러다 일기 예보에서 비 소식을 알려 줬어요.
"오늘은 하루 종일 비가 내리겠습니다."

기다리던 비 소식을 들은 서연이는 어떤 마음일까요?

① 답답해요   ② 조급해요   ③ 반가워요

반가운 감정과 비슷한 감정을 알아보려면
32쪽으로 가 보세요.

기쁘다

방울토마토를 걱정하던 서연이는
비 소식을 듣고 매우 반가워했어요.

❶번을 고른 친구는 46쪽으로 가 보세요.
❷번을 고른 친구는 134쪽으로 가 보세요.
순서대로 책을 읽고 싶은 친구는 다음 쪽을 보세요.

벅차다
감격, 기쁨, 희망 따위가 넘칠 듯이 가득하다.

유치원 재롱 잔치가 있는 날이에요.
민서는 무대 위에서 그동안 연습했던
춤도 추고 노래도 불렀어요.
"와, 우리 민서 다 컸네. 민서가 제일 잘하는 거 같지 않아?"
형인 민준이는 덤덤했지만,
엄마와 아빠는 민서에게서 눈을 떼지 못했어요.
특히 엄마는 금방이라도 눈물을 흘릴 것 같았어요.
가슴속에 기쁨이 가득 차고 뜨거운 기운이
솟아오르는 느낌이래요.

민서의 부모님이 민서를 보고 느낀 감정은 무엇일까요?

① 벅차요　　② 슬퍼요　　③ 어이없어요

기뻐하는 마음을 더 알아보려면
142쪽으로 가 보세요.

즐겁다

부모님은 부쩍 자란 민서를 보고 기뻐서
벅찬 감동을 느꼈어요.

❷번을 고른 친구는 98쪽으로 가 보세요.
❸번을 고른 친구는 116쪽으로 가 보세요.
순서대로 책을 읽고 싶은 친구는 다음 쪽을 보세요.

부끄럽다
스스러움을 느끼어 매우 수줍다.

"석진아, 영어 숙제 나랑 같이 할래?"
서연이가 물었어요.
"그, 그래."
대답을 하는 석진이의 심장이 콩닥콩닥
빠르게 뛰기 시작했어요.
"석진아, 이거 알아?"
서연이가 석진이 옆으로 바짝 다가오면서 물었어요.
석진이는 얼굴이 빨개졌어요.
그대로 책상 밑에 숨어 버리고 싶었어요.

서연이 옆에서 석진이는 어떤 마음을 갖고 있나요?
❶ 부끄러워해요　　❷ 차분해요　　❸ 희망차요

부끄러운 마음과 비슷한 감정을 알아보려면
156쪽으로 가 보세요.

석진이는 서연이를 좋아해서
부끄러워하고 있어요.

❷번을 고른 친구는 154쪽으로 가 보세요.
❸번을 고른 친구는 188쪽으로 가 보세요.
순서대로 책을 읽고 싶은 친구는 다음 쪽을 보세요.

부담스럽다
어떠한 의무나 책임을 져야 할 듯한 느낌이 있다.

서연이는 오늘도 영어 학원 선생님 책상 위에 커피를 올려놓았어요.
"서연아, 고맙기는 한데, 이렇게 매일 가져오면 받기만 하는 선생님 마음이 편하지 않네."
영어 선생님이 서연이를 보고 말했어요.
서연이는 그만 얼굴이 빨개졌어요.
몰래 놓고 빨리 가려고 했거든요.
서연이는 고개를 들지 못하고 신발만 보았어요.

영어 선생님은 서연이의 선물에 어떤 마음이 드는 걸까요?
❶ 짜증 나요   ❷ 부담스러워요   ❸ 초조해요

부담이 계속되면 마음이 불안할 수 있어요.
불안한 감정이 궁금하다면 82쪽으로 가 보세요.

불안하다

영어 선생님은 서연이에게 매일 선물을 받아서
부담스러워하고 있어요.

❶번을 고른 친구는 150쪽으로 가 보세요.
❸번을 고른 친구는 158쪽으로 가 보세요.
순서대로 책을 읽고 싶은 친구는 다음 쪽을 보세요.

부럽다

남의 좋은 일을 보고 자기도 그런 일이 있으면 하고 바라는 마음이 있다.

서연이는 짝꿍 유민이의 마음을
알다가도 모르겠어요.
서연이랑 유민이는 같은 아이돌 가수를 좋아해요.
그런데 서연이가 가수 오빠한테
직접 사인을 받았다고 자랑하자,
유민이가 서연이에게 유치하다면서 짜증을 냈거든요.
"흥, 너도 사인을 받고 싶다는 거 다 알아."
서연이도 속상해서 유민이에게 미운 말을 했어요.

유민이는 어떤 마음 때문에 서연이에게 짜증을 냈을까요?

❶ 담담한 마음　　❷ 서운한 마음　　❸ 부러운 마음

부러운 감정과 비슷한 감정을 더 알아보려면
148쪽으로 가 보세요.

질투하다

유민이는 서연이만 사인을
받은 것이 부러워서 심술을 부리고 있어요.

❶번을 고른 친구는 44쪽으로 가 보세요.
❷번을 고른 친구는 90쪽으로 가 보세요.
순서대로 책을 읽고 싶은 친구는 다음 쪽을 보세요.

불만스럽다
마음에 흡족하지 않다.

"민준아, 왜 동생이랑 싸우는 거니?"
엄마가 큰 목소리로 혼을 냈어요.
"민서가 내 장난감을 망가뜨렸어요."
민준이가 툴툴거렸어요.
"민서가 어려서 실수한 거잖아. 네가 형이니까 이해해야지."
엄마의 목소리가 점점 더 사나워졌어요.
민준이는 하고 싶은 말이 많았어요.
형이라고 매번 자기만 혼나는 것이 너무 속상했어요.
가슴속에 나쁜 마음이 가득 찼어요.

지금 민준이의 마음속은 어떤 상태일까요?
① 흥겨워요　　② 조마조마해요　　③ 불만스러워요

불만스러운 감정이 계속되면 속상해요.
속상한 감정을 알고 싶으면 96쪽으로 가 보세요.

민준이는 동생이랑 싸우면 매번 자기만
혼나는 것 같아서 불만스러워하고 있어요.

❶번을 고른 친구는 184쪽으로 가 보세요.
❷번을 고른 친구는 136쪽으로 가 보세요.
순서대로 책을 읽고 싶은 친구는 다음 쪽을 보세요.

불쌍하다
처지가 안되고 애처롭다.

서연이와 민준이는 학교에서 돌아오는 길에
비를 맞고 있는 강아지를 보았어요.
"강아지가 집을 잃어버렸나?"
서연이는 강아지에게 우산을 씌워 주었어요.
강아지의 눈망울이 너무 예뻤어요.
하지만 비를 흠뻑 맞아 감기라도 걸릴까 봐 걱정이 되었어요.
"집이 어딜까?"
민준이와 서연이는 주인이 올 때까지
강아지를 지켜 주기로 했어요.

서연이와 민준이가 비를 맞는 강아지를 보며 어떤 감정을 느꼈을까요?
❶ 섭섭해요   ❷ 설레요   ❸ 불쌍해요

불쌍한 마음 뒤에 일어날 수 있는 마음을
알고 싶으면 98쪽으로 가 보세요.

슬프다

민준이와 서연이는 강아지를 보며
불쌍하다고 생각했어요.

❶번을 고른 친구는 94쪽으로 가 보세요.
❷번을 고른 친구는 92쪽으로 가 보세요.
순서대로 책을 읽고 싶은 친구는 다음 쪽을 보세요.

불안하다

마음이 편하지 아니하고 조마조마하다.

민서가 큰일을 저질렀어요.
형이 아끼던 스파이더맨 장난감을 가지고 놀다가
그만 팔을 부러뜨렸거든요.
강력 접착제로 얼른 붙여 놓긴 했는데
마음이 편하질 않았어요.
'형이 알면 큰일 날 텐데…….'
민준이가 집에 올 시간이 가까워지자
민서의 마음속이 더욱 불편해졌어요.
가만히 앉아 있지 못하고 왔다 갔다 하면서
세워 둔 스파이더맨만 힐끔힐끔 봤어요.

민서의 지금 마음은 어떤 상태일까요?

❶ 불안해요   ❷ 쑥스러워요   ❸ 괜찮아요

불안한 마음과 반대되는 마음을 알아보려면
110쪽으로 가 보세요.

안심하다

민서는 형의 장난감을 망가뜨려서
불안해요.

❷번을 고른 친구는 106쪽으로 가 보세요.

❸번을 고른 친구는 22쪽으로 가 보세요.

순서대로 책을 읽고 싶은 친구는 다음 쪽을 보세요.

뿌듯하다
기쁨 따위의 감정으로 가득 차서 벅차다.

서연이는 만두를 좋아해요.
오늘은 엄마랑 직접 만두를 빚기로 했어요.
손이 작은 서연이는 예쁘게 만들기가 쉽지 않아요.
"엄마가 빚은 만두는 예쁘고,
내가 빚은 만두는 귀여워요."
서연이가 아기자기한 만두를 보며 말했어요.
만두 모양도 점점 예뻐졌어요.
서연이는 기분이 좋아서 먹지 않아도 배부른 것 같았어요.

서연이는 자신이 빚은 만두를 보며 어떤 감정을 느끼고 있나요?
❶ 부담스러워요　　❷ 뿌듯해요　　❸ 주눅 들어요

뿌듯한 마음과 비슷한 벅찬 마음에 대해
알고 싶으면 70쪽으로 가 보세요.

벅차다

서연이는 만두를 빚어 놓고
뿌듯해하고 있어요.

❶번을 고른 친구는 74쪽으로 가 보세요.
❸번을 고른 친구는 140쪽으로 가 보세요.
순서대로 책을 읽고 싶은 친구는 다음 쪽을 보세요.

사랑하다
어떤 사람이나 존재를 몹시 아끼고 귀중히 여기다.

옛날에 예쁜 공주가 살고 있었어요.
어느 날, 공주는 평범한 청년을 보고 첫눈에 반했어요.
청년도 공주에게 한눈에 반했지요.
그 사실을 안 왕이 불같이 화를 냈어요.
"공주를 동쪽 성에 가두고, 청년은 사막에 버려라."
두 사람은 그렇게 헤어지고 말았어요.
청년이 사막에서 죽어 갈 때였어요.
커다란 독수리가 먹잇감인 줄 알고 청년을 낚아챘어요.
독수리는 청년을 잡고 날아가다가 무거워서
그만 땅으로 떨어뜨렸어요.
청년이 떨어진 곳은 공주가 갇힌 성의 연못이었어요.
서로를 향한 간절한 마음이 기적을 일으킨 것이랍니다.

기적을 일으킨 공주와 청년의 마음은 어떤 마음일까요?
❶ 싫은 마음　　❷ 사랑하는 마음　　❸ 아쉬운 마음

사랑하는 마음과 반대되는 마음이
궁금하다면 66쪽으로 가 보세요.

두 사람은 진심으로 사랑하는 마음 때문에
기적처럼 다시 만나게 되었어요.

❶번을 고른 친구는 104쪽으로 가 보세요.

❸번을 고른 친구는 108쪽으로 가 보세요.

순서대로 책을 읽고 싶은 친구는 다음 쪽을 보세요.

서럽다
원통하고 슬프다.

민서는 엄마와 함께 서점에 갔어요.
"엄마, 나 이 공룡 책 사 주세요."
민서가 눈을 반짝이며 말했어요.
"안 돼. 집에 있잖아. 다른 책 골라."
엄마가 고개를 저으며 말했어요.
"그럼 이 로봇 책은?"
"형이랑 보던 책 있잖아. 그거 봐."
"형이 자기 책이라고 못 보게 한단 말이야."
민서는 속상하고 슬픈 마음이 들었어요.
"형은 맨날 사 주면서 너무해."

민서는 지금 어떤 마음일까요?

① 자만해요　② 궁금해요　③ 서러워요

서러운 감정과 비슷한 감정이 궁금하다면
98쪽으로 가 보세요.

민서는 엄마가 형과 자신을 차별한다고
생각해서 서러웠어요.

❶번을 고른 친구는 128쪽으로 가 보세요.
❷번을 고른 친구는 26쪽으로 가 보세요.
순서대로 책을 읽고 싶은 친구는 다음 쪽을 보세요.

서운하다
마음에 모자라 아쉽거나 섭섭한 느낌이 있다.

"민준아, 우리 집에 가서 자장면 시켜 먹자."
석진이가 민준이에게 말했어요.
"나는 자장면 별로인데……."
민준이는 자장면에 얹어 주는 오이를 싫어했어요.
"엄마가 사 준다고 했어. 같이 가자."
석진이는 민준이랑 꼭 같이 먹고 싶었어요.
"미안해. 다음에 갈게."
하지만 민준이는 석진이의 마음도 모르고
그냥 자기 집으로 가 버렸어요.

민준이가 거절하자 석진이 마음에는 어떤 감정이 생겼을까요?
❶ 부러운 감정   ❷ 서운한 감정   ❸ 질투하는 감정

서운한 감정과 아주 비슷한 감정이 있어요.
94쪽으로 가 보세요.

섭섭하다

석진이는 민준이가 초대를 거절해서
서운해하고 있어요.

❶번을 고른 친구는 76쪽으로 가 보세요.
❸번을 고른 친구는 148쪽으로 가 보세요.
순서대로 책을 읽고 싶은 친구는 다음 쪽을 보세요.

설레다
마음이 가라앉지 않고 들떠서 두근거리다.

서연이는 오늘 친구들과 영화를 보러 가기로 했어요.
서연이는 어젯밤부터 영화 볼 생각에
기대가 되고 심장이 두근두근 뛰었어요.
서연이는 엄마가 사 준 예쁜 옷과 새 신발을 신었어요.
"서연아, 안녕!"
영화관 앞에서 민준이가 반갑게 인사했어요.
민준이도 오늘 영화를 본다고 해서
몹시 들떠 있었어요.

서연이와 민준이가 느끼는 감정은 어떤 감정일까요?
① 무서워요   ② 우울해요   ③ 설레요

설레는 마음 곁에 있는 마음이 궁금하면
30쪽으로 가 보세요.

그립다

서연이와 민준이는 영화를 볼 생각에 설레요.

❶번을 고른 친구는 62쪽으로 가 보세요.
❷번을 고른 친구는 122쪽으로 가 보세요.
순서대로 책을 읽고 싶은 친구는 다음 쪽을 보세요.

섭섭하다
기대에 어그러져 불만스럽거나 못마땅하다.

"새로 산 게임기야. 재밌겠지?"
석진이가 민준이에게 휴대용 게임기를 자랑했어요.
"나도 한번 해볼래."
민준이도 게임을 해보고 싶었어요.
"싫어."
석진이가 게임기를 주머니에 쏙 집어넣었어요.
기대가 컸던 민준이는 실망하고 말았어요.
그리고 석진이가 너무 치사하다고 생각했어요.

민준이는 석진이에 대해 어떤 감정이 생겼을까요?
❶ 섭섭한 감정　　❷ 찡한 감정　　❸ 흥분한 감정

섭섭한 마음처럼 일이 뜻대로 되지 않을 때
생기는 마음이 알고 싶으면 112쪽으로 가 보세요.

민준이는 게임을 못 하게 하는
석진이에게 섭섭했어요.

❷번을 고른 친구는 152쪽으로 가 보세요.
❸번을 고른 친구는 186쪽으로 가 보세요.
순서대로 책을 읽고 싶은 친구는 다음 쪽을 보세요.

속상하다
화가 나거나 걱정이 되어 마음이 불편하고 우울하다.

"형아, 줄넘기 잃어버려서 미안해."
민서가 민준이에게 사과했어요.
민서에게 화가 났지만, 그보다도 아끼는 줄넘기를
잃어버려서 민준이는 마음이 더 아팠어요.
"일부러 잃어버린 건 아니야. 미안해."
민서가 아무리 사과를 해도 마음이 편해지지 않았어요.
민서에게 화를 낸다고 해도
잃어버린 줄넘기가 돌아올 것 같지는 않았어요.
민준이는 엉엉 울고 싶어졌어요.

지금 민준이의 속마음을 어떻게 표현하면 좋을까요?
❶ 속상해요　　❷ 담담해요　　❸ 따분해요

속상하면 당연히 화가 나겠지요?
화난 감정을 알고 싶으면 176쪽으로 가 보세요.

민준이는 아끼는 줄넘기를
잃어버려서 속상해요.

❷번을 고른 친구는 44쪽으로 가 보세요.

❸번을 고른 친구는 54쪽으로 가 보세요.

순서대로 책을 읽고 싶은 친구는 다음 쪽을 보세요.

슬프다
원통한 일을 겪거나 불쌍한 일을 보고 마음이 아프고 괴롭다.

"서연아, 외할아버지가 돌아가셨대. 빨리 집에 가 보렴."
서연이는 담임선생님의 말이 믿기지가 않았어요.
북한에 있는 가족들을 그렇게 만나고 싶어 하셨는데,
통일이 될 때까지 꼭 사신다고 했는데…….
"엄마……."
서연이는 엄마를 보자마자 달려가서 꼭 껴안았어요.
엄마는 서연이를 안고 엉엉 울었어요.
서연이도 엉엉 울었어요.

서연이와 엄마의 마음은 지금 어떤 상태인가요?
① 감동했어요　② 슬퍼요　③ 좋아요

슬픈 감정이 계속되면 어떤 감정이 생길까요?
더 알고 싶으면 122쪽으로 가 보세요.

우울하다

서연이와 엄마는 외할아버지가 돌아가셔서
슬퍼하고 있어요.

❶번을 고른 친구는 12쪽으로 가 보세요.
❸번을 고른 친구는 138쪽으로 가 보세요.
순서대로 책을 읽고 싶은 친구는 다음 쪽을 보세요.

신나다
흥이 일어나 기분이 몹시 좋아지다.

"민준아, 민서야, 아빠가 새로 나온 물총 사 왔어."
퇴근해서 집에 들어온 아빠가 말했어요.
"와!"
민준이와 민서는 환호성을 질렀어요.
"멀리 나가는 물총이야!"
"물도 많이 들어가!"
민준이와 민서는 기분이 너무 좋았어요.
친구들과 물총 놀이를 할 때 밀릴 것 같지 않았어요.

민준이와 민서는 지금 어떤 마음일까요?
① 괴로워요　② 조마조마해요　③ 신나요

신날 때는 흥겨운 감정이 들어요.
흥겨운 감정이 궁금하면 184쪽으로 가 보세요.

 흥겹다

민준이와 민서는 새로운 물총을
갖게 되어 신났어요.

❶번을 고른 친구는 24쪽으로 가 보세요.
❷번을 고른 친구는 136쪽으로 가 보세요.
순서대로 책을 읽고 싶은 친구는 다음 쪽을 보세요.

실망하다

바라는 대로 되지 않거나 기대에 어긋나서 마음이 상하다.

내일은 소풍을 가는 날이에요.
민준이 엄마는 돈가스김밥을 싸 준다고 약속을 했어요.
서연이 엄마는 예쁜 도시락 통을 준비했어요.
석진이 엄마는 시원한 음료수를 준비했고요.
아이들은 신나게 놀고 맛있는 도시락을 먹을 생각에
하루 종일 들떠 있었어요.
그런데 종례 시간에 선생님이 오셔서 말씀하셨어요.
"내일 비가 온다고 해서 소풍이 취소됐어요."

소풍을 가지 못하게 된 아이들의 마음은 어떨까요?
❶ 담담해요   ❷ 자랑스러워요   ❸ 실망스러워요

마음이 상하는 감정을 더 알고 싶으면
96쪽으로 가 보세요.

속상하다

아이들은 소풍을 못 가게 되어서 실망했어요.

❶번을 고른 친구는 44쪽으로 가 보세요.
❷번을 고른 친구는 126쪽으로 가 보세요.
순서대로 책을 읽고 싶은 친구는 다음 쪽을 보세요.

싫다
마음에 들지 않거나 하고 싶은 마음이 없다.

민준이가 액체 괴물을 가져왔어요.
"으, 징그러."
서연이가 몸서리를 쳤어요.
"징그럽긴! 재밌지 않아?"
민준이가 액체 괴물을 만지며 말했어요.
"나도 액체 괴물 한번 만져 볼래."
석진이도 관심을 가지고 말했어요.
하지만 서연이는 액체 괴물을 만지고 싶지 않았어요.
색깔도 별로고, 만지는 느낌도 이상했기 때문이에요.

서연이는 액체 괴물을 보고 어떤 감정이 들었을까요?
① 태연해요 ② 싫어요 ③ 허무해요

싫은 일을 계속하면 생기는 마음이 있어요.
144쪽으로 가 보세요.

서연이는 액체 괴물이
너무 징그러워서 싫어요.

❶번을 고른 친구는 162쪽으로 가 보세요.
❸번을 고른 친구는 172쪽으로 가 보세요.
순서대로 책을 읽고 싶은 친구는 다음 쪽을 보세요.

쑥스럽다
자연스럽지 못하거나 어울리지 않아 멋쩍고 부끄럽다.

"엄마, 오늘 유치원에서 선생님이 저보고
책을 많이 읽는 아이라고 칭찬하셨어요."
민서가 엄마에게 이야기했어요.
"그래? 기분 좋았겠네."
엄마가 민서를 보며 웃어 주었어요.
"아이들도 박수를 쳐 주었는데,
저는 이상하게 얼굴이 화끈거렸어요.
조금 창피하고 어색해서 숨고 싶었어요."

선생님의 칭찬에 민서는 어떤 기분일까요?
1. 쑥스러워요 2. 부러워요 3. 노여워요

쑥스러운 감정과 비슷한 감정을 알고 싶으면
72쪽으로 가 보세요.

부끄럽다

민서는 선생님의 칭찬을 듣고
쑥스러웠어요.

❷번을 고른 친구는 76쪽으로 가 보세요.

❸번을 고른 친구는 40쪽으로 가 보세요.

순서대로 책을 읽고 싶은 친구는 다음 쪽을 보세요.

아쉽다
뜻대로 되지 않아 섭섭하고 서운하다.

민준이는 인형 뽑기 가게에 갔어요.
좋아하는 캐릭터 인형이 뽑기 쉽게 놓여 있었어요.
"오늘은 이걸 뽑아야지!"
민준이는 동전을 기계에 집어넣고 도전했어요.
그런데 인형이 나오다가 아깝게 걸리고 말았어요.
두 번 더 도전했지만 모두 실패했어요.
"돈이 더 있으면 좋을 텐데……."
민준이는 인형을 바라보며 한참 동안 서 있었어요.

민준이가 한참 동안 서 있던 것은 어떤 마음 때문일까요?

① 두려운 마음　　② 아쉬운 마음　　③ 지겨운 마음

아쉬운 마음과 비슷한 마음을 알고 싶으면
90쪽으로 가 보세요.

서운하다

민준이는 좋아하는 캐릭터 인형을 뽑지 못해서
아쉬워하고 있어요.

❶번을 고른 친구는 50쪽으로 가 보세요.
❸번을 고른 친구는 144쪽으로 가 보세요.
순서대로 책을 읽고 싶은 친구는 다음 쪽을 보세요.

안심하다
모든 걱정을 떨쳐 버리고 마음을 편히 가지다.

민서는 형의 킥보드를 타 보고 싶었어요.
'나 없을 때 타지 마! 절대로!'
형의 말이 생각났지만 한 번만 타 보고 싶었어요.
민서는 침을 꿀꺽 삼키고 킥보드에 발을 올렸어요.
"어어?"
얼마 못 가서 킥보드가 쿵 넘어지고 말았어요.
민서는 킥보드가 망가졌을까 봐 가슴이 덜컥 내려앉았어요.
다행히 킥보드가 망가지지는 않았어요.
"휴!"

킥보드가 망가지지 않은 것을 보고 민서는 어떤 마음을 가졌을까요?
❶ 벅차요   ❷ 안심해요   ❸ 원망스러워요

안심하는 마음과 비슷한 감정을 알고 싶으면
166쪽으로 가 보세요.

편안하다

민서는 킥보드가 망가지지 않아서
안심하고 있어요.

❶번을 고른 친구는 70쪽으로 가 보세요.
❸번을 고른 친구는 124쪽으로 가 보세요.
순서대로 책을 읽고 싶은 친구는 다음 쪽을 보세요.

안타깝다

뜻대로 되지 않거나 보기에 딱하여 가슴 아프고 답답하다.

국어 시간에 〈플랜더스의 개〉를 다 함께 읽었어요.
"선생님, 네오와 파트라슈가 마지막에 죽어서 가슴이 아파요."
서연이가 말했어요.
"너무 불쌍하고 슬펐어요."
석진이도 말했어요.
"가슴이 꽉 막히고 답답했어요."
"눈물이 났어요."
다른 아이들도 자신의 마음을 표현했어요.

이야기를 읽은 아이들의 마음은 어떤 마음일까요?
① 안타까워요   ② 못마땅해요   ③ 어이없어요

안타까운 마음과 비슷한 감정이 알고 싶다면
10쪽으로 가 보세요.

가엾다

아이들은 슬픈 이야기를 읽고
안타까워하고 있어요.

❷번을 고른 친구는 60쪽으로 가 보세요.

❸번을 고른 친구는 116쪽으로 가 보세요.

순서대로 책을 읽고 싶은 친구는 다음 쪽을 보세요.

약 오르다
비위가 상하여 은근히 화가 나다.

민준이는 리틀 축구단에서 축구를 배우고 있어요.
"민준이 너희 팀이 어제 우리한테 축구 졌지?"
은찬이가 민준이를 놀리려고 작정을 했어요.
민준이는 일부러 못 들은 척했어요.
"너, 어제 헛발질하더라.
너희 팀은 한 골도 못 넣었지?
삼 대 빵이라니 창피하지 않냐?"
짓궂은 은찬이가 쫓아다니면서 놀려 댔어요.
꾹 참고 있던 민준이의 마음이 슬슬 끓어오르기 시작했어요.

은찬이가 놀려서 민준이의 마음이 어떻게 변하고 있나요?
❶ 낯설어요   ❷ 차분해요   ❸ 약 올라요

약 오르면 조급해지기 쉬워요.
이 마음이 궁금하면 134쪽으로 가 보세요.

진 것도 속상한데 친구가 자꾸 놀리면
약이 오르지요.

❶번을 고른 친구는 38쪽으로 가 보세요.
❷번을 고른 친구는 154쪽으로 가 보세요.
순서대로 책을 읽고 싶은 친구는 다음 쪽을 보세요.

어이없다
너무 뜻밖이어서 기가 막히다.

급식 시간이었어요.
석진이와 민준이가 차례를 기다리며 줄을 서 있는데,
은찬이가 재빠르게 새치기를 했어요.
"은찬아, 줄 제대로 서. 다들 줄 서 있잖아."
석진이가 진지하게 말했어요.
"싫은데! 내가 왜?"
그런데 은찬이는 장난치듯 혀를 날름 내밀 뿐이었어요.
석진이와 민준이는 기가 막혀 할 말을 잃었어요.

석진이와 민준이는 지금 어떤 감정일까요?
① 고마워요　② 즐거워요　③ 어이없어요

어이없는 감정과 비슷한 감정이
알고 싶으면 118쪽으로 가 보세요.

석진이와 민준이는 줄을 새치기하고도 뻔뻔한
은찬이 때문에 어이없어하고 있어요.

❶번을 고른 친구는 18쪽으로 가 보세요.
❷번을 고른 친구는 142쪽으로 가 보세요.
순서대로 책을 읽고 싶은 친구는 다음 쪽을 보세요.

억울하다
아무 잘못 없이 꾸중을 듣거나 벌을 받아 분하고 답답하다.

"민서야, 화장실에 물 틀어 놓고 나왔지?
세면대에서 물이 흘러넘쳤어."
선생님이 말씀하셨어요.
"제가 안 그랬어요."
민서는 분명히 물을 잠그고 나왔어요.
"민서, 네가 화장실 마지막에 갔지 않아?"
선생님이 민서에게 물으셨어요.
"선생님, 저는 분명히 물을 잠갔어요."
민서는 자기 말을 믿지 않는 선생님이 원망스럽고 답답했어요.

선생님은 민서의 말을 믿지 않았어요. 민서는 어떤 마음일까요?
❶ 억울해요 ❷ 행복해요 ❸ 후련해요

억울한데 말도 못 하면 너무 답답하겠죠?
답답한 마음이 궁금하면 46쪽으로 가 보세요.

민서는 아무 잘못도 없는데 선생님한테 혼났어요.
그래서 너무 억울한 상황이에요.

❷번을 고른 친구는 170쪽으로 가 보세요.

❸번을 고른 친구는 178쪽으로 가 보세요.

순서대로 책을 읽고 싶은 친구는 다음 쪽을 보세요.

외롭다
혼자 있거나 의지할 대상이 없어 고독하고 쓸쓸한 상태에 있다.

"서연아, 잘 지내?"

지난달에 시골로 전학을 간 유주가 서연이에게 전화를 했어요.

"응. 잘 지내. 넌 어때?"

서연이가 물었어요.

"여기는 아는 사람이 하나도 없어.

이야기할 친구도 없고,

할머니, 할아버지들뿐이야.

학교도 혼자 가야 해. 너무 쓸쓸해."

시골로 전학 간 유주는 지금 어떤 마음일까요?

① 쑥스러워요 ② 조급해요 ③ 외로워요

외로운 마음과 비슷한 감정을 알고 싶다면
174쪽으로 가 보세요.

허전하다

시골로 전학을 간 유주는 친구가 없어서
외로워하고 있어요.

❶번을 고른 친구는 106쪽으로 가 보세요.
❷번을 고른 친구는 134쪽으로 가 보세요.
순서대로 책을 읽고 싶은 친구는 다음 쪽을 보세요.

우울하다
마음이 답답하거나 근심스러워 활기가 없다.

민준이는 며칠 동안 기운이 나지 않았어요.
학교 운동회에서 이어달리기 주자로 나갔는데
그만 넘어지고 말았거든요.
그 바람에 결승에 진출을 못하자
친구들이 모두 자기를 원망하는 것 같았어요.
민준이는 속상하고 입맛도 없었어요.
자꾸 넘어진 일이 생각나서
울고만 싶어졌어요.

민준이는 지금 어떤 감정일까요?
① 우울해요　　② 희망차요　　③ 기뻐요

우울한 감정이 계속되면 희망을 잃어요.
이 감정이 궁금하면 132쪽으로 가 보세요.

절망하다

민준이는 자신의 실수로 결승에 진출하지
못한 것 같아서 마음이 우울해요.

❷번을 고른 친구는 188쪽으로 가 보세요.
❸번을 고른 친구는 32쪽으로 가 보세요.
순서대로 책을 읽고 싶은 친구는 다음 쪽을 보세요.

원망스럽다
마땅하게 여겨져 탓하거나 미워하는 마음이 있다.

〈석진이의 일기〉

비가 오다니!
비가 너무 밉습니다.
소풍을 가는 날인데, 비가 와서 학교로 가야 합니다.
새로 산 야구 모자를 쓰려고 잔뜩 기대했는데,
서연이 앞에서 뽐내고 싶었는데 너무 속상합니다.
비를 내리게 한 하늘이 밉습니다.
영어 숙제를 안 해도 됐는데,
비가 와서 영어 숙제도 해야 됩니다.

석진이의 일기에 제목을 붙인다면 어떤 것이 알맞을까요?
① 자랑스러운 비　② 원망스러운 비　③ 신나는 소풍

원망은 못마땅한 마음에서 생겨요.
못마땅한 마음을 알려면 60쪽으로 가 보세요.

하필이면 소풍 가는 날에 비가 왔어요.
석진이는 비가 원망스러워요.

❶번을 고른 친구는 126쪽으로 가 보세요.
❸번을 고른 친구는 100쪽으로 가 보세요.
순서대로 책을 읽고 싶은 친구는 다음 쪽을 보세요.

자랑스럽다
남에게 드러내어 뽐낼 만한 데가 있다.

서연이 엄마는 회사에 다녀요.
"서연아, 엄마가 일해서 불편한 거 없어?"
엄마가 서연이에게 조심스럽게 물었어요.
"아니요."
서연이는 단 한 번도 그렇게 생각한 적이 없어요.
"엄마는요, 회사에서 일도 잘하고요.
다른 사람들한테도 친절하고요.
화를 잘 안 내고, 요리도 잘하고, 나랑 잘 놀아 줘요.
또 저를 너무너무 사랑하지요."

서연이가 엄마에 대해 느끼는 감정은 무엇일까요?
① 부담스러워요   ② 당황스러워요   ③ 자랑스러워요

자랑스러운 마음과 반대되는 마음은
창피한 마음이에요. 156쪽을 보세요.

창피하다

서연이는 엄마가 회사를 다녀서 불편하기보다
매우 자랑스러워요.

❶번을 고른 친구는 74쪽으로 가 보세요.
❷번을 고른 친구는 48쪽으로 가 보세요.
순서대로 책을 읽고 싶은 친구는 다음 쪽을 보세요.

자만하다
자신에 대해 스스로 자랑하며 뽐내다.

민준이네 리틀 축구단과 은찬이네 축구단이
다시 축구 시합을 하게 되었어요.
"우리가 또 무찔러 줄게. 오늘은 십 대 빵! 기대해."
은찬이는 자신이 넘쳤어요.
"호날두가 와도 나는 못 막을걸.
내가 있는 한 우리 팀이 우주 최강이야."
은찬이는 거침이 없었어요.
민준이는 잘난 체하는 은찬이 때문에
축구가 하기 싫어졌어요.

은찬이처럼 잘난 체하는 마음을 무엇이라고 할까요?
① 자만심　　② 허전함　　③ 불안감

잘난 체가 심하면 친구들이 모두 떠나 외롭지요.
외로운 감정을 알아보려면 120쪽으로 가 보세요.

 외롭다

은찬이는 자만한 마음이 있어서
자랑하며 뽐내요.

❷ 번을 고른 친구는 174쪽으로 가 보세요.
❸ 번을 고른 친구는 82쪽으로 가 보세요.
순서대로 책을 읽고 싶은 친구는 다음 쪽을 보세요.

자신 있다
어떤 일을 스스로의 능력으로 충분히 해낼 수 있다고 믿다.

전교생이 등산을 하는 날이에요.
"여러분, 오늘 모두 산꼭대기까지 갈 수 있죠?
할 수 있다고 자신을 믿으면 해낼 수 있어요."
교장 선생님께서 말씀하셨어요.
"여러분, 가장 중요한 것은 자신을 믿는 마음이에요.
선생님도 여러분을 믿고, 여러분도 자신을 믿으면
오늘 모두 정상까지 올라갈 수 있을 거예요."
교장 선생님의 말씀에 아이들은 마음속으로
'할 수 있다!'고 다짐했어요.

교장 선생님이 학생들에게 중요하다고 말씀하신 감정은 무엇일까요?
① 자만심　　② 자신감　　③ 절망감

자신감이 있으면 따라오는 마음이 있어요.
알고 싶으면 170쪽으로 가 보세요.

 행복하다

자기 자신을 믿고 사랑하는 마음을
자신감이라고 해요.

❶번을 고른 친구는 128쪽으로 가 보세요.
❸번을 고른 친구는 132쪽으로 가 보세요.
순서대로 책을 읽고 싶은 친구는 다음 쪽을 보세요.

절망하다
바라볼 것이 없게 되어 모든 희망을 끊어 버리다.

개구리 두 마리가 큰 우유 통에 빠졌어요.
"도저히 여기에서 빠져나갈 수 없어."
첫 번째 개구리는 모든 것을 포기하고
가만히 우유 통에 빠져 죽고 말았어요.
두 번째 개구리는 반대로 생각했어요.
"분명히 살아 나갈 방법이 있을 거야."
두 번째 개구리는 방법을 찾으려고 발버둥을 쳤어요.
계속 헤엄을 치다 보니 발밑에 덩어리가 생겼어요.
우유는 계속 젓다 보면 덩어리가 되거든요.
두 번째 개구리는 덩어리를 밟고 뛰어올라
우유 통에서 빠져나왔어요.

이 이야기에서 첫 번째 개구리를 죽게 만든 감정은 무엇일까요?
① 평온함   ② 그리움   ③ 절망감

절망감과 이웃해 있는 허무한 마음을
알고 싶으면 172쪽으로 가 보세요.

허무하다

첫 번째 개구리는 절망감에 휩싸여서
모든 것을 포기하고 죽었어요.

❶번을 고른 친구는 168쪽으로 가 보세요.
❷번을 고른 친구는 30쪽으로 가 보세요.
순서대로 책을 읽고 싶은 친구는 다음 쪽을 보세요.

조급하다
참을성이 없이 몹시 급하다.

엄마가 피자를 만들어 주었어요.
민준이와 민서는 피자가 오븐에서
나오기 전부터 발을 동동 굴렀어요.
"음~ 벌써 맛있는 냄새가 나는 것 같아요."
"엄마, 다 익지 않았을까요?"
민준이와 민서는 군침이 흘렀어요.
"민준이와 민서가 마음이 급하구나.
재촉하지 마. 다 익으려면 좀 더 기다려야 해."

피자를 기다리는 민준이와 민서는 어떤 마음일까요?
① 조급해요   ② 침착해요   ③ 우울해요

마음이 조급하면 조마조마해요.
이 감정을 알고 싶으면 136쪽을 보세요.

조마조마하다

민준이와 민서는 피자를 빨리 먹고 싶어서
조급해하고 있어요.

❷번을 고른 친구는 160쪽으로 가 보세요.

❸번을 고른 친구는 122쪽으로 가 보세요.

순서대로 책을 읽고 싶은 친구는 다음 쪽을 보세요.

조마조마하다
닥쳐올 일이 걱정되어 마음을 놓을 수 없고 불안하다.

민준이네 가족은 나무 쌓기 놀이를 하고 있어요.
쌓아 놓은 나무를 하나 빼서,
높은 곳에 다시 쌓아야 해요.
나뭇더미를 무너뜨리는 사람은 벌칙을 받아요.
"민서가 무너뜨릴 거야."
민준이가 민서를 놀렸어요.
"아니야."
민서가 자신 있게 나무를 하나 뽑았어요.
그런데 나뭇더미가 흔들거리기 시작했어요.
민서는 나뭇더미가 무너질까 봐 불안해서
손에 땀이 났어요.

흔들리는 나뭇더미를 바라보는 민서는 어떤 마음일까요?
① 후회하는 마음   ② 조마조마한 마음   ③ 부끄러운 마음

조마조마하여 불안을 느끼는 마음을
더 알아보려면 158쪽으로 가 보세요.

초조하다

민서는 나뭇더미가 무너질까 봐
조마조마해요.

❶번을 고른 친구는 180쪽으로 가 보세요.
❸번을 고른 친구는 72쪽으로 가 보세요.
순서대로 책을 읽고 싶은 친구는 다음 쪽을 보세요.

좋다
어떤 일이나 대상이 마음에 들 만큼 흡족하다.

서연이는 얼굴이 빨개졌어요.
석진이가 어제 영어 학원 끝나고
집으로 오는 길에 한 귓속말 때문이에요.
그때도 얼굴이 빨개졌지만,
집에 돌아와서도 내내 가슴이 두근거렸어요.
"엄마, 석진이가 나한테 고백했어요."
"고백했다고? 정말?"
서연이의 말을 듣고 엄마는 빙그레 웃었어요.

석진이가 서연이에게 무엇이라고 고백했을까요?
❶ 난 네가 좋아.　　❷ 난 네가 싫어.　　❸ 난 네가 미워.

좋은 감정 곁에 있는 감정이 궁금하다면
84쪽으로 가 보세요.

석진이가 서연이에게 좋아한다고 고백해서
서연이의 얼굴이 빨개졌어요.

❷번을 고른 친구는 104쪽으로 가 보세요.
❸번을 고른 친구는 66쪽으로 가 보세요.
순서대로 책을 읽고 싶은 친구는 다음 쪽을 보세요.

주눅 들다
부끄럽거나 무섭거나 하여 기가 죽어 움츠러들다.

민준이가 두려워하는 음악 시간이에요.
민준이는 어젯밤에 리코더를 열심히 연습했어요.
오늘은 한 번도 틀리고 싶지 않았거든요.
"자, 다 같이 '푸른 하늘 은하수' 연주 시작!"
선생님이 말씀하시자, 아이들은 다 같이
리코더 연주를 시작했어요.
민준이는 손가락을 더듬어 또다시
삑 소리가 날까 봐 두려웠어요.
손가락이 자꾸 굳고 자신감이 떨어졌어요.

민준이는 지금 어떤 마음 상태일까요?
① 들떠요 ② 약 올라요 ③ 주눅 들어요

주눅 든 마음과 이웃한 마음이
궁금하다면 36쪽으로 가 보세요.

긴장하다

민준이는 리코더 연주를 매번 틀려서
주눅이 들어 있어요.

❶번을 고른 친구는 52쪽으로 가 보세요.
❷번을 고른 친구는 114쪽으로 가 보세요.
순서대로 책을 읽고 싶은 친구는 다음 쪽을 보세요.

즐겁다
마음에 들어 흐뭇하고 기쁘다.

추석

추석이 되면 맛있는 송편을 먹어요.
동글동글 사랑이 담겨 있어요.
추석이 되면 그립던 친척들을 만나요.
꾸벅꾸벅 반갑게 인사를 해요.

추석이 되면 어여쁜 새 옷을 입어요.
펄럭펄럭 행운이 가득해요.
추석이 되면 둥그런 보름달을 보아요.
소곤소곤 소원을 빌어 보아요.

서연이는 어떤 마음으로 이 시를 지었을까요?
❶ 창피한 마음   ❷ 즐거운 마음   ❸ 짜증 나는 마음

즐거운 마음과 비슷한 마음을 알고 싶으면
32쪽으로 가 보세요.

시를 보면 추석을 기다리는 서연이의
즐거운 마음을 알 수 있어요.

❶번을 고른 친구는 156쪽으로 가 보세요.
❸번을 고른 친구는 150쪽으로 가 보세요.
순서대로 책을 읽고 싶은 친구는 다음 쪽을 보세요.

지겹다
같은 상태가 오래 지속되어 지루함과 싫증을 느끼는 상태에 있다.

민서는 양치질하는 것을 귀찮아해요.
"민서야, 아침에 일어나면 양치를 해야지."
엄마는 양치질을 굉장히 중요하게 생각해요.
"민서야, 밥을 먹었으면 양치를 해야지."
"민서야, 자기 전에는 양치를 해야지."
귀찮아서 양치질을 하지 않으려는 민서 때문에
엄마의 잔소리는 매일매일 반복되었어요.

매일매일 반복되는 잔소리를 들으면 어떤 마음이 생길까요?
❶ 지겨워요   ❷ 설레요   ❸ 궁금해요

지겨운 감정과 비슷한 감정을 알고 싶으면
146쪽으로 가 보세요.

지루하다

매일매일 똑같은 잔소리를 들으면
지겨울 거예요.

❷번을 고른 친구는 92쪽으로 가 보세요.
❸번을 고른 친구는 26쪽으로 가 보세요.
순서대로 책을 읽고 싶은 친구는 다음 쪽을 보세요.

지루하다
따분하고 싫증이 난 상태에 있다.

유치원에서 책을 읽는 시간이에요.
책을 좋아하는 민서는 얌전히 앉아서
그림책을 읽었어요.
그런데 장난꾸러기 친구들이 엉덩이를 들썩이며
다른 재미난 일을 찾았어요.
"여러분, 돌아다니지 말고 자리에 예쁘게 앉아서
책을 읽어야 해요!"
선생님이 말씀하셨어요.
하지만 5분 뒤, 여기저기서 하품 소리가 났어요.

장난꾸러기 친구들한테는 책 읽는 시간이 어떻게 느껴질까요?
❶ 만족해요   ❷ 편안해요   ❸ 지루해요

지루한 활동을 하면 귀찮은 감정이 생겨요.
귀찮은 감정을 알려면 28쪽으로 가 보세요.

장난꾸러기 친구들은 가만히 앉아 책을 읽는
시간이 지루해서 견딜 수가 없어요.

❶번을 고른 친구는 58쪽으로 가 보세요.
❷번을 고른 친구는 166쪽으로 가 보세요.
순서대로 책을 읽고 싶은 친구는 다음 쪽을 보세요.

질투하다
자신이 좋아하는 사람이 좋아한다는 이유로 미워하다.

"석진아, 영어 학원 선생님이 잘생겼어?
인기가 아주 많다던데……."
민준이가 석진이에게 물었어요.
"그래? 난 잘 모르겠는데……."
"서연이도 그 선생님 좋아하는 것 같던데……."
민준이의 말에 석진이는 화들짝 놀랐어요.
하루 종일 그 말이 머릿속에서 맴돌았어요.
괜히 영어 선생님이 미워지기도 하고,
뭔지 모를 불안한 마음이 생기기도 했어요.

서연이를 좋아하는 석진이는 영어 선생님이 왜 미워졌을까요?
❶ 반가워서   ❷ 질투해서   ❸ 억울해서

질투하는 마음이 크면 미운 마음도 생겨요.
미운 마음을 알려면 66쪽으로 가 보세요.

밉다

서연이를 좋아하는 석진이는
서연이가 좋아하는 영어 선생님을 질투했어요.

❶번을 고른 친구는 68쪽으로 가 보세요.
❸번을 고른 친구는 118쪽으로 가 보세요.
순서대로 책을 읽고 싶은 친구는 다음 쪽을 보세요.

짜증 나다
마음에 꼭 맞지 아니하여 발칵 화가 나다.

"민서야, 잘 듣고 이게 어떤 때인지 맞혀 봐."
민준이가 동생 민서에게 퀴즈를 내고 있어요.
"싫어하는 반찬을 억지로 먹으라고 할 때,
학원에 가기 싫은데 억지로 가야 할 때,
게임을 하고 싶은데 숙제하라고 할 때,
졸린데 씻고 자라고 깨울 때,
다른 친구랑 자꾸만 비교할 때!"

민준이가 낸 퀴즈의 정답은 무엇일까요?
❶ 짜증 날 때　　❷ 자신 있을 때　　❸ 긴장할 때

짜증이 나면 노여운 마음도 생겨요.
노여운 감정이 궁금하면 40쪽으로 가 보세요.

노엽다

민준이는 아이들이 '짜증 날 때'를
말하고 있어요.

❷번을 고른 친구는 130쪽으로 가 보세요.

❸번을 고른 친구는 36쪽으로 가 보세요.

순서대로 책을 읽고 싶은 친구는 다음 쪽을 보세요

찡하다
감동을 받아 뻐근하도록 울리는 느낌이 들다.

⟨민준이의 일기⟩

오늘 엄마가 감기 몸살로 많이 아팠습니다.
엄마는 기침도 많이 하고, 열도 났습니다.
"엄마, 우리가 간호해 줄게요. 얼른 나아요."
나는 동생 민서와 함께 엄마를 열심히 간호했습니다.
시원한 물수건을 이마에도 올려 주고,
팔다리도 안마해 주었습니다.
엄마는 우리 때문에 감동해서 울컥하더니
금방 다 나을 것 같다고 했습니다.

민준이와 민서의 간호를 받은 엄마는 어떤 마음이었을까요?
① 무서웠어요   ② 찡했어요   ③ 겁먹었어요

찡한 마음은 감동을 받을 때 생겨요.
이 마음을 알려면 12쪽으로 가 보세요.

감동하다

엄마는 민준이와 민서의 정성 어린 간호를 받고
마음이 찡해서 눈물을 흘릴 것 같았어요.

❶번을 고른 친구는 62쪽으로 가 보세요.
❸번을 고른 친구는 16쪽으로 가 보세요.
순서대로 책을 읽고 싶은 친구는 다음 쪽을 보세요

153

차분하다
마음이 가라앉아 조용하다.

토요일 아침, 서연이는 엄마와
명상 센터에 갔어요.
"명상을 하면 몸도 마음도 가벼워진단다."
엄마가 말했어요.
조용하고 느린 음악이 흐르는 방에서
서연이는 양반다리를 하고 바르게 앉았어요.
그리고 눈을 감고 숨을 고르게 쉬었지요.
한참을 그러고 있자
들뜬 마음이 조용히 가라앉았어요.

명상을 하고 나서 서연이의 마음은 어떻게 되었을까요?
❶ 귀찮아요　　❷ 초조해요　　❸ 차분해요

차분한 마음과 아주 비슷한 마음이 있어요.
더 알아보려면 160쪽으로 가 보세요.

침착하다

느린 음악을 들으면서 조용히 명상을 하면
들뜬 마음이 가라앉아서 차분해져요.

❶번을 고른 친구는 28쪽으로 가 보세요.
❷번을 고른 친구는 158쪽으로 가 보세요.
순서대로 책을 읽고 싶은 친구는 다음 쪽을 보세요.

창피하다
체면이 깎이거나 떳떳하지 못한 일로 부끄럽다.

체육 시간에 피구를 했어요.
두 편으로 나누어서 게임을 했는데,
석진이가 첫 번째로 공에 맞아 아웃이 되고 말았어요.
'아이참! 서연이도 보고 있는데……'
석진이는 부끄러워서 얼굴이 빨개졌어요.
좋아하는 서연이 앞에서 날쌔고
멋진 모습을 보여 주지 못해 속상했어요.

피구에서 첫 번째로 아웃이 된 석진이는 어떤 마음이었을까요?
❶ 섭섭해요   ❷ 창피해요   ❸ 주눅 들어요

창피한 마음과 쑥스러운 마음은 비슷해요.
쑥스러운 마음이 궁금하면 106쪽으로 가 보세요.

쑥스럽다

서연이 앞에서 멋진 모습을 보여 주고 싶었는데
그러지 못해서 석진이는 창피했어요.

❶번을 고른 친구는 94쪽으로 가 보세요.
❸번을 고른 친구는 140쪽으로 가 보세요.
순서대로 책을 읽고 싶은 친구는 다음 쪽을 보세요.

초조하다
애가 타서 마음이 조마조마하다.

감기 예방 주사를 맞는 날이에요.
민준이와 민서는 엄마를 따라 병원에 갔어요.
"난 주사 맞기 싫어!"
순서를 기다리고 있던 아이들 중에는
벌써부터 우는 아이도 있었어요.
"민준이, 민서, 울지 않고 주사 잘 맞을 거지?"
엄마가 말했어요.
민준이와 민서는 "네." 하고 대답을 했지만,
순서가 다가오자 마음이 조마조마해졌어요.

주사 맞을 순서가 다가올수록 민준이와 민서의 마음은 어땠을까요?
❶ 초조해요　　❷ 가여워요　　❸ 질투해요

초조한 마음 곁에는 걱정하는 마음이 있어요.
걱정하는 마음이 궁금하면 14쪽으로 가 보세요.

주사 맞을 순서가 다가오자
민준이와 민서는 마음이 초조해졌어요.

❷번을 고른 친구는 10쪽으로 가 보세요.

❸번을 고른 친구는 148쪽으로 가 보세요.

순서대로 책을 읽고 싶은 친구는 다음 쪽을 보세요.

침착하다
행동이 들뜨지 아니하고 차분하다.

옛날에 한 나무꾼이 산에서 호랑이를 만났어요.
호랑이는 나무꾼을 덥석 물어서 동굴로 끌고 갔어요.
나무꾼은 몸이 덜덜 떨렸지만 정신을 차리려고 노력했어요.
그때, 바위 사이로 난 조그만 틈이 보였어요.
'잘하면 저리로 들어갈 수 있겠다.'
호랑이가 나무꾼을 내려놓는 순간,
나무꾼은 재빠르게 바위틈으로 들어갔어요.
운 좋게 바위틈 사이로 조그만 길이 이어져 있었어요.
나무꾼은 무사히 호랑이굴에서 빠져나올 수 있었어요.

이 이야기는 어떤 마음의 중요성을 일깨워 주고 있나요?
❶ 침착한 마음   ❷ 기죽은 마음   ❸ 서운한 마음

침착한 마음과 비슷한 태연한 마음이
궁금하다면 164쪽으로 가 보세요.

태연하다

'호랑이에게 물려가도 정신만 차리면 산다.'는
침착한 마음을 일깨우는 속담이에요.

❷번을 고른 친구는 34쪽으로 가 보세요.
❸번을 고른 친구는 90쪽으로 가 보세요.
순서대로 책을 읽고 싶은 친구는 다음 쪽을 보세요.

태연하다
머뭇거리거나 두려워할 상황에서도 태도나 기색이 아무렇지 않다.

우르릉 쾅쾅!
천둥 번개가 요란하게 쳤어요.
"엄마, 무서워요!"
민서가 엄마 품으로 뛰어들며 말했어요.
민서는 천둥 번개만 치면 무서웠어요.
그렇지만 민준이는 천둥 번개가 쳐도
놀래거나 당황하지 않았어요.
"쳇! 천둥 번개 따위! 하나도 안 무서워."
민준이는 태평했어요.

천둥 번개가 칠 때 민준이의 마음은 어떠한가요?

① 걱정해요　　② 실망해요　　③ 태연해요

태연한 마음과 비슷한 마음을 더 알아보려면
44쪽으로 가 보세요.

담담하다

천둥 번개가 쳐도 평소처럼 아무렇지 않게
행동할 수 있는 것은 마음이 태연하기 때문이에요.

❶번을 고른 친구는 14쪽으로 가 보세요.
❷번을 고른 친구는 102쪽으로 가 보세요.
순서대로 책을 읽고 싶은 친구는 다음 쪽을 보세요.

통쾌하다
아주 즐겁고 시원하여 유쾌하다.

민준이는 동생과 함께 아파트 놀이마당에서 열리는
윷놀이 대회에 나갔어요.
상대편은 민준이보다 두 살 많은 형들이었어요.
"꼬맹이들아, '도개걸윷모'도 모르면서
어떻게 이 형님들을 이기겠니?"
형들이 어리다고 무시하는 것 같았어요.
거기다 윷놀이에서 지고 있어서 더욱 속상했어요.
그런데 갑자기 민서가 윷을 계속 던져서 이겼어요.
민준이는 가슴이 시원하고 기분이 짜릿했어요.

마지막에 민준이가 느끼고 있는 감정은 어떤 감정일까요?
① 통쾌한 감정   ② 억울한 감정   ③ 지루한 감정

통쾌한 감정만큼 짜릿한 감정을
알고 싶으면 100쪽으로 가 보세요.

신나다

민준이는 지고 있던 게임을 역전해서
통쾌했어요.

❷번을 고른 친구는 118쪽으로 가 보세요.

❸번을 고른 친구는 146쪽으로 가 보세요.

순서대로 책을 읽고 싶은 친구는 다음 쪽을 보세요.

편안하다
편하고 걱정 없이 좋다.

석진이네 외갓집은 진도예요.
외갓집에는 진돗개 백구가 있지요.
백구는 외할머니를 무척 좋아하나 봐요.
외할머니가 집에 없으면 종일 불안해하고,
대문을 서성거리고, 잠도 못 자요.
하지만 외할머니가 집에 계시면
밥도 잘 먹고 불안해하지도 않아요.
외할머니가 털을 쓰다듬어 주시면
느긋하게 낮잠도 자요.

외할머니가 집에 계실 때 백구의 마음은 어떤 상태일까요?
① 아쉬워요　　② 편안해요　　③ 지루해요

편안한 마음과 반대되는 마음이 궁금하다면
82쪽으로 가 보세요.

불안하다

백구는 외할머니가 같이 계실 때
편안함을 느껴요.

❶번을 고른 친구는 108쪽으로 가 보세요.
❸번을 고른 친구는 146쪽으로 가 보세요.
순서대로 책을 읽고 싶은 친구는 다음 쪽을 보세요.

평온하다
조용하고 걱정이나 탈이 없다.

"민준아, 민서야."
아빠가 민준이와 민서를 불렀어요.
"엄마가 몸살인 것 같아. 우리 떠들지 말자."
"네, 아빠. 그런데 떠들면 왜 안 돼요?"
민서가 물었어요.
"감기에 걸렸을 때는 푹 쉬어야 해.
엄마는 조용하고 아무런 걱정이 없을 때
푹 쉴 수 있단다."

아빠는 엄마가 어떤 마음을 가질 수 있도록 돕는 걸까요?
① 평온한 마음　　② 서러운 마음　　③ 답답한 마음

평온한 마음과 비슷한 마음을 알고 싶으면
166쪽으로 가 보세요.

편안하다

아빠는 엄마가 평온한 마음으로
쉴 수 있도록 돕고 있어요.

❷번을 고른 친구는 88쪽으로 가 보세요.

❸번을 고른 친구는 46쪽으로 가 보세요.

순서대로 책을 읽고 싶은 친구는 다음 쪽을 보세요.

행복하다
삶에서 기쁨과 만족감을 느껴 흐뭇하다.

〈민서의 일기〉

그리기 시간에 '우리 가족'을 그렸습니다.
아빠는 재밌는 이야기를 맨날 들려주시고,
엄마는 다정하고 친절하십니다.
형은 나랑 잘 놀아 주고,
나는 똑똑하고 말을 잘 듣습니다.
우리 가족은 서로를 많이 사랑합니다.
우리 가족을 그림으로 그려 놓고 보니까,
마음이 따뜻하고 자꾸만 웃음이 납니다.

가족을 생각하는 민서의 마음은 어떠할까요?
① 화나요 ② 행복해요 ③ 놀랐어요

행복한 마음과 이웃한 마음이 궁금하다면
68쪽으로 가 보세요.

따뜻하고 서로 사랑하는 가족을 떠올리며
민서는 행복해하고 있어요.

❶번을 고른 친구는 176쪽으로 가 보세요.
❸번을 고른 친구는 42쪽으로 가 보세요.
순서대로 책을 읽고 싶은 친구는 다음 쪽을 보세요.

허무하다
가치 없고 의미 없게 느껴져 매우 허전하고 쓸쓸하다.

석진이는 오늘 잔뜩 기대에 부풀었어요.
구구단을 다 외우면 아빠가 치킨을 사 준다고 했거든요.
석진이는 며칠 동안 열심히 구구단을 외웠어요.
오늘 학교에서도 완벽하게 외워서 선생님께 칭찬을 들었지요.
석진이는 아빠가 퇴근하기만을 내내 기다렸어요.
그런데 저녁에 아빠한테 전화가 왔어요.
"석진아, 미안, 아빠가 오늘 야근이네."
열심히 구구단을 외운 것이 쓸모없게 되자
석진이는 너무 속상했어요.

아빠가 야근한다는 말에 석진이는 어떤 감정을 느꼈을까요?
❶ 흐뭇한 감정   ❷ 찡한 감정   ❸ 허무한 감정

허무한 감정과 비슷한 감정이 궁금하면
174쪽으로 가 보세요.

 허전하다

잔뜩 기대에 부풀었던 석진이는 아빠가 약속을
지키지 못하자 허무한 감정을 느꼈어요.

❶번을 고른 친구는 182쪽으로 가 보세요.
❷번을 고른 친구는 152쪽으로 가 보세요.
순서대로 책을 읽고 싶은 친구는 다음 쪽을 보세요.

허전하다
무엇을 잃거나 의지할 곳이 없어진 것같이 서운한 느낌이 있다.

서연이네 엄마가 출장을 갔어요.
하룻밤도 아니고 세 밤이나요.
"서연아, 밥 먹자."
아빠가 밥을 차려 놓고 서연이를 불렀어요.
식탁에 아빠랑 단둘이 앉아 있는데,
서연이는 엄마의 빈자리가 크게 느껴졌어요.
같이 있을 때는 몰랐는데,
막상 출장을 가니까 내내 엄마 생각만 났어요.

엄마가 집에 없을 때 서연이는 어떤 마음일까요?
❶ 통쾌한 마음　　❷ 허전한 마음　　❸ 공감하는 마음

허전한 마음은 아쉬운 마음과 비슷해요.
아쉬운 마음이 궁금하면 108쪽으로 가 보세요.

아쉽다

엄마의 빈자리를 보며 서연이는
허전한 마음을 느꼈어요.

❶번을 고른 친구는 164쪽으로 가 보세요.
❸번을 고른 친구는 20쪽으로 가 보세요.
순서대로 책을 읽고 싶은 친구는 다음 쪽을 보세요.

화나다

못마땅하거나 언짢아서 노엽고 답답한 감정이 생기다.

청소 시간에 민준이네 반에서
남자애들과 여자애들 사이에 싸움이 났어요.
"너희는 왜 맨날 장난만 치니?"
여자애 한 명이 따졌어요.
"우리가 무슨 맨날 장난만 친다고 그래?
그러는 너희는 안 그래?"
남자애들도 따졌어요.
아이들의 목소리가 점점 커지고,
상황이 무척 험악해졌어요.

민준이네 반 아이들은 지금 어떤 마음 상태인가요?

❶ 괜찮아요   ❷ 뿌듯해요   ❸ 화나요

화난 마음과 비슷한 마음을 알아보려면
150쪽으로 가 보세요.

짜증 나다

민준이네 반 남자애들과 여자애들은
서로에 대해 화나 있어요.

❶번을 고른 친구는 22쪽으로 가 보세요.
❷번을 고른 친구는 84쪽으로 가 보세요.
순서대로 책을 읽고 싶은 친구는 다음 쪽을 보세요.

후련하다
답답하거나 갑갑하여 언짢던 것이 풀려 마음이 시원하다.

은찬이는 행동이 제멋대로여서 친구들도 자주 괴롭히고,
선생님 말씀도 안 들어요.
민준이도 맨날 약 올리고요.
그런데 오늘 우유 팩을 화단에 버리다
교장 선생님에게 딱 들키고 말았어요.
"은찬, 쓰레기를 화단에 버리면 어떤 어린이죠?"
"나…쁜…어린이요."
은찬이는 모기 소리만 하게 대답했어요.
민준이는 평소에 제멋대로 행동하는 은찬이가
야단을 맞자 속이 시원했어요.

야단을 맞는 은찬이를 보고 민준이는 어떤 마음이 들었을까요?
❶ 후련해요   ❷ 떨려요   ❸ 미안해요

후련한 마음은 통쾌한 마음과 이어져요.
통쾌한 마음이 궁금하면 164쪽으로 가 보세요.

통쾌하다

민준이는 은찬이가 잘못해서 교장 선생님에게
야단을 맞자 후련한 마음이 들었어요.

❷번을 고른 친구는 56쪽으로 가 보세요.
❸번을 고른 친구는 64쪽으로 가 보세요.
순서대로 책을 읽고 싶은 친구는 다음 쪽을 보세요.

후회하다

이전의 잘못을 깨치고 뉘우치다.

민서는 치과에 왔어요.
"민서야, 양치질 잘하기로 약속했잖아."
의사 선생님이 말했어요.
"죄송해요."
민서는 이가 또 썩어서 너무 속상했어요.
'양치질을 잘할걸.'
민서는 이가 썩고 나서야
뒤늦게 자신의 잘못을 뉘우쳤어요.

이가 썩어 치과에 간 민서는 어떤 마음일까요?
❶ 안심하고 있어요 ❷ 후회하고 있어요 ❸ 흥분해 있어요

약속을 어기면 미안한 마음도 생겨요.
미안한 마음이 궁금하면 64쪽으로 가 보세요.

미안하다

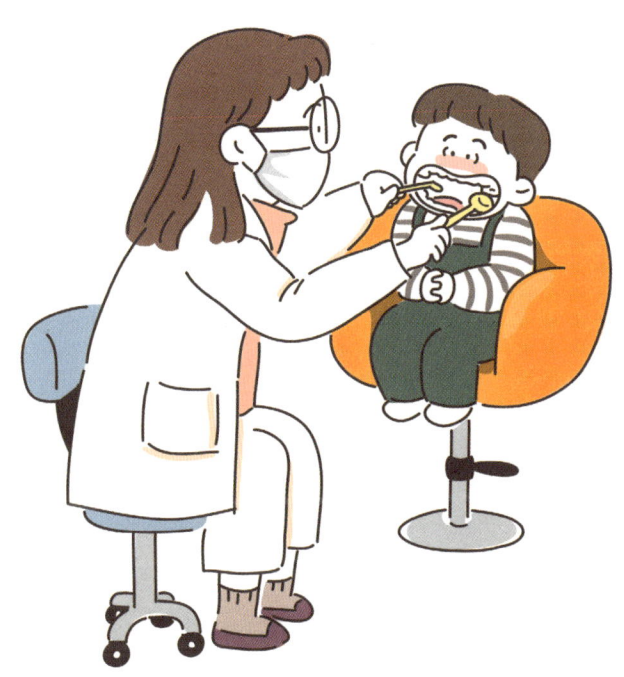

민서는 양치질을 게을리했던 것을
후회하고 있어요.

❶번을 고른 친구는 110쪽으로 가 보세요.
❸번을 고른 친구는 186쪽으로 가 보세요.
순서대로 책을 읽고 싶은 친구는 다음 쪽을 보세요.

흐뭇하다
마음에 흡족하여 매우 만족스럽다.

옛날에 사이좋은 형제가 살고 있었어요.
가을이 되자, 형제는 수확한 쌀을 똑같이 나누어 가졌어요.
"형님이 식구가 많으니 더 많이 가져야 해."
동생은 쌀을 형의 집에 몰래 더 가져다 두려고 했어요.
"동생이 고생을 했으니 더 많이 가져야 해."
형도 동생의 집에 몰래 쌀을 더 가져다 두려고 했어요.
그러다가 서로 길에서 마주치게 되었어요.
서로를 생각하는 마음을 확인한 형제는
부둥켜안고 엉엉 울었어요.

형제의 모습을 본 부모님은 어떤 마음이 들었을까요?
① 불만스러워요 ② 외로워요 ③ 흐뭇해요

흐뭇한 마음 옆에는 고마운 마음도 있어요.
고마운 마음이 궁금하면 18쪽으로 가 보세요.

형제끼리 사이가 좋으면 바라보는 부모님은
흐뭇한 미소가 지어질 거예요.

❶번을 고른 친구는 78쪽으로 가 보세요.
❷번을 고른 친구는 120쪽으로 가 보세요.
순서대로 책을 읽고 싶은 친구는 다음 쪽을 보세요.

흥겹다
매우 즐겁고 마음이 들뜬 상태에 있다.

체육 대회 때 서연이네 반은 풍물 공연을 했어요.
반 아이들은 처음에 시시하다며
다른 공연을 하자고 했는데,
막상 공연을 연습하면서 너무 신이 났어요.
꽹과리 소리에 맞춰 정신없이 상모가 돌아가고,
북소리와 장구 소리도 울려 퍼졌어요.
공연을 보던 친구들도, 부모님들도
모두 어깨춤을 덩실덩실 추었어요.

사람들은 풍물 공연을 보면서 어떤 기분을 느끼고 있나요?
❶ 흥겨워요   ❷ 속상해요   ❸ 슬퍼요

흥겨운 마음은 즐겁고 괜찮은 마음이에요.
괜찮은 마음이 궁금하면 22쪽으로 가 보세요.

괜찮다

사람들은 풍물 공연을 보면서 흥겨워하고 있어요.

❷번을 고른 친구는 96쪽으로 가 보세요.
❸번을 고른 친구는 98쪽으로 가 보세요.
순서대로 책을 읽고 싶은 친구는 다음 쪽을 보세요.

흥분하다
어떤 자극을 받아 감정이 북받쳐 일어나다.

아빠가 민서를 위해 아이언맨 장난감을 사 왔어요.
"와! 아이언맨이다!"
민서는 자리에서 벌떡 일어나 아빠에게 달려갔어요.
아빠는 민준이를 주려고 새로 나온 스파이더맨도 사 왔어요.
민준이는 스파이더맨을 들고, 민서는 아이언맨을 들고,
방 안을 뛰어다녔어요.
"애들아, 진정 좀 해."
엄마는 아이들을 진정시키느라 애를 먹었어요.

장난감을 선물받은 아이들은 어떤 마음일까요?
① 화나요   ② 태연해요   ③ 흥분했어요

너무 흥분해서 실수를 하면 후회하게 돼요.
후회하는 마음이 궁금하면 180쪽으로 가 보세요.

후회하다

민준이와 민서는 아빠가 선물한 장난감 때문에
지금 매우 흥분했어요.

❶번을 고른 친구는 176쪽으로 가 보세요.
❷번을 고른 친구는 162쪽으로 가 보세요.
순서대로 책을 읽고 싶은 친구는 다음 쪽을 보세요.

희망차다
앞일이 밝고 좋을 것이라는 기대가 가득하다.

선생님이 아이들에게 꿈을 말해 보라고 했어요.
"저의 꿈은 멋진 축구 선수가 되는 것입니다."
민준이가 말했어요.
"저의 꿈은 멋진 만화가가 되는 것입니다."
서연이가 말했어요.
"저의 꿈은 멋진 요리사가 되는 것입니다."
석진이가 말했어요.
아이들은 모두 멋진 꿈을 이야기했어요.
"여러분 모두 그 꿈을 꼭 이룰 수 있을 거예요."
선생님이 활짝 웃으며 응원해 주었어요.

꿈을 말하는 아이들은 어떤 마음을 가지고 있을까요?
❶ 희망찬 마음   ❷ 불쌍한 마음   ❸ 안타까운 마음

희망찬 마음과 이웃한 감정이
궁금하면 52쪽으로 가 보세요.

들뜨다

아이들은 모두 희망찬 마음으로
미래를 꿈꾸고 있어요.

❷번을 고른 친구는 80쪽으로 가 보세요.
❸번을 고른 친구는 112쪽으로 가 보세요.

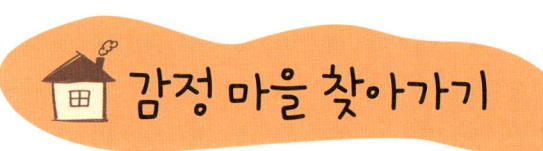

길 안내를 따라 여러 가지 감정 마을을 찾아가 보세요.
비슷한 감정 단어들이 꼬리에 꼬리를 물고
감정 마을로 찾아가고 있어요.

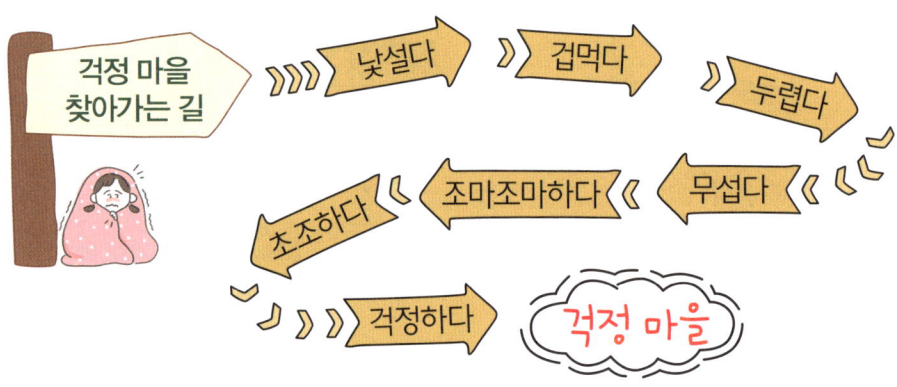

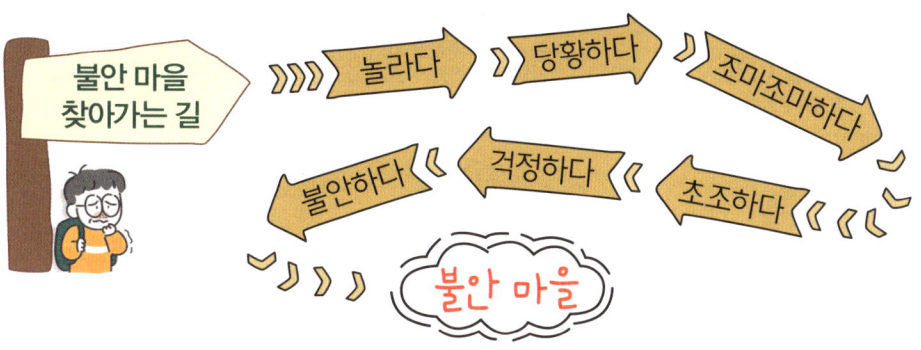

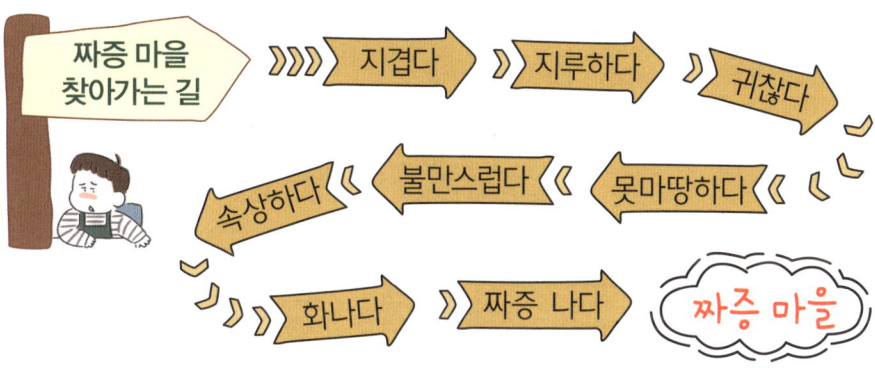

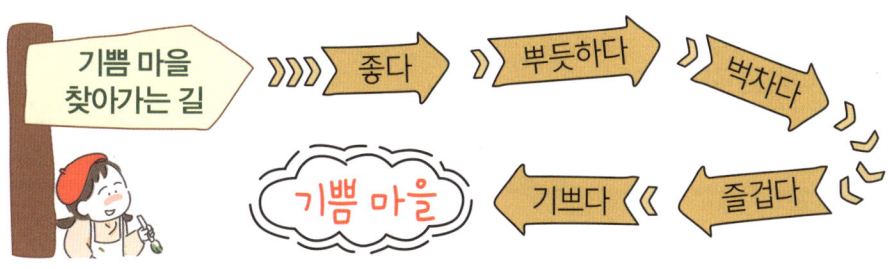

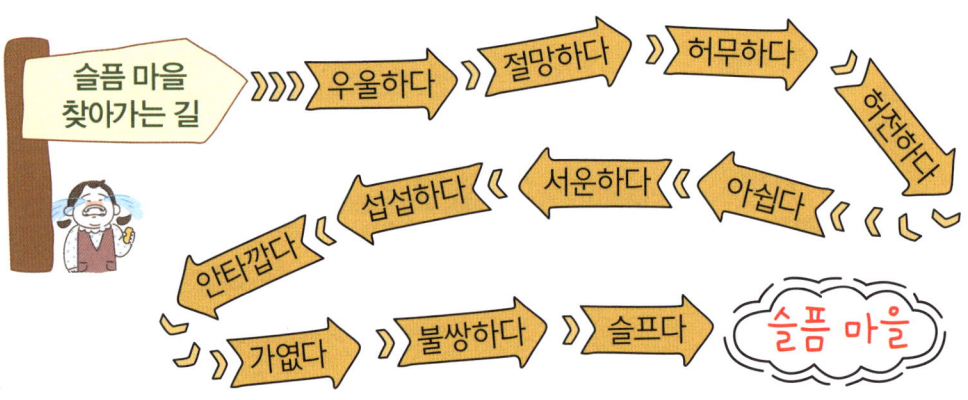

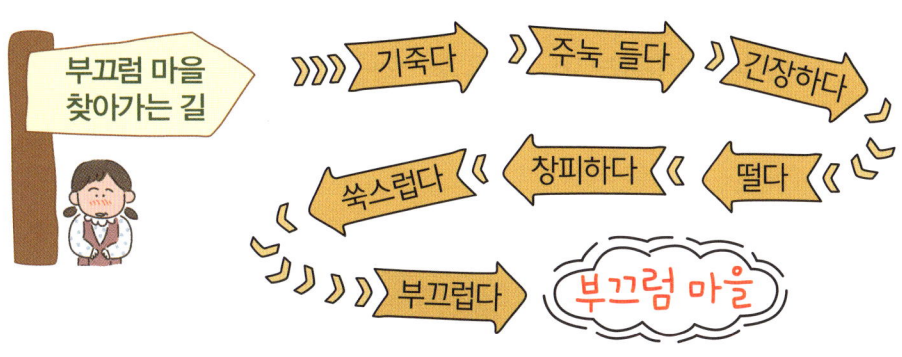

지금 여러분의 마음속 얼굴을 그려 보세요.

지금 여러분의 마음속 얼굴을 그려 보세요.